Vézelay, colline éternelle

Maurice Druon
de l'Académie française

Vézelay, colline éternelle

suivi d'une anthologie
réalisée avec la collaboration
de Jacques Suffel

Albin Michel

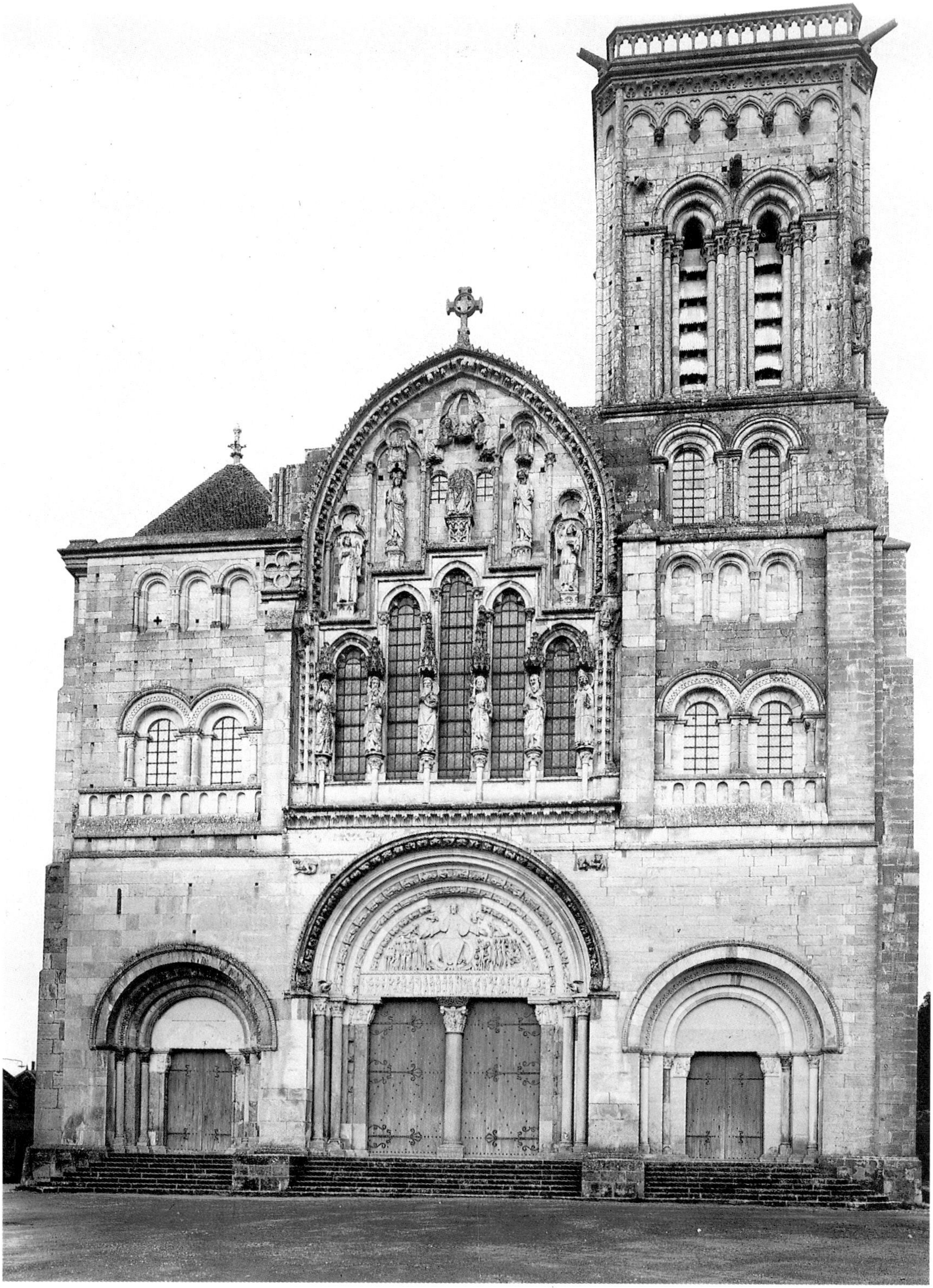

PREMIER TEMPS

Devant la façade de la basilique.

Voyageurs de tous les horizons qui avez écrit ce nom, Vézelay, sur vos itinéraires ; couples amoureux, couples de noces qui avez marqué cet espoir, Vézelay, parmi les étapes du bonheur ; enfants à qui l'on a fait cette promesse, Vézelay, et qui vous souviendrez ; visiteurs, épris de revoir ce lieu d'exception, Vézelay, ainsi qu'on rouvre un livre cher, un poème essentiel ; vous tous pèlerins du savoir, de l'art ou de la foi, voici l'instant où le souhait, l'attente et la mémoire s'unissent au réel.

Vous voici sur cette étroite place qui a porté des millions de pas avant les vôtres ; vous voici sur ce sol que de grands labeurs ont pétri et que des faits éclatants, d'irradiantes présences, d'âge en âge, ont illustré. Vous voici, voyageurs, arrivés sur la colline éternelle. Bienvenue à vous, ce soir, et du fond des siècles.

Vézelay, c'est un petit village sous le grand ciel de France, un village pareil à des milliers d'autres, avec ses vieilles maisons pressées qui sentent le feu de bois, le lait, le linge blanc, et qui chacune abrita une longue chaîne de destins patients. La Bourgogne est autour, terre de riches labours et de vignobles généreux.

Depuis toujours, je veux dire depuis que les dernières épaisseurs glaciaires ont fondu sur ce morceau de planète, et depuis que l'homme y ressemble à lui-même, ici le froment et la vigne ont été de concert cultivés ; ici l'on s'est nourri depuis des millénaires de la chair et du sang de la Terre-Mère, du pain qui pourvoit à l'effort et du vin qui irrigue l'esprit.

Il y a des lieux du monde où l'idée divine pousse mieux qu'ailleurs entre les sillons et les ceps, et des sommets prédestinés, semble-t-il, à servir de socle au dialogue de l'homme avec l'univers. Sept siècles avant la naissance du Christ, un dieu, sur ce mont de calcaire roux et rose, avait déjà son sanctuaire, et déjà son image avait figure d'homme. Son bronze et son fondeur étaient d'Étrurie, mais son besoin était d'ici. Ancêtre retrouvé de la conscience du mystère de vivre, au temps où Jérémie prêchait en Judée, où Assurbanipal régnait sur Babylone, et où naissait Solon pour donner à Athènes ses lois, ici ce dieu d'airain déjà symbolisait pour des pasteurs, des laboureurs, d'humbles potiers, les forces cosmiques et aussi le pouvoir particulier à l'homme de connaître ces forces et de transformer le monde.

Dans sa main droite il tenait la foudre, c'est-à-dire la lumière et le feu. Mais son autre bras n'est pas encore ouvert.

Avec ce premier dieu, Vézelay sort de la nuit des temps.

Visiteurs, suivez-nous à présent ; commençons notre ronde autour de la colline, et allons voir sur son orient se lever l'aurore de l'Histoire.

DEUXIÈME TEMPS

A travers la cour du cloître et les jardins.

Ici la main humaine élèvera la pierre
A même hauteur que les arbres ;
Ici la sève, ici le marbre,
Seront l'âme et le mot d'une seule prière.
Ici l'homme, ici la nature,
Se jaugent à même mesure.

Tourne donc, Vézelay, tourne sous tes étoiles
Que l'esprit toujours nous révèle
Quand même l'ombre nous les voile.
Tourne sous l'infini et sous ses étincelles ;
Ici le passé, le futur,
Se comptent à même mesure.

Et toi, pareil aussi aux univers en marche
Dans leur mouvance circulaire,
Toi que le vœu de voir éclaire,
Avance, pèlerin, tourne autour de cette arche.

Tu es le juste intermédiaire
Entre les soleils et l'atome.
Accepte ton angoisse et ses sentiers obscurs :
Par elle tu es l'homme,
Et tu n'as que les dieux pour mesure.

Eglise Notre-Dame à Saint-Père-sous-Vézelay.

TROISIÈME TEMPS

Sur la terrasse, vers la vallée,
Saint-Père de Vézelay et les lointains
de la Bourgogne.

L'Histoire, elle apparaît ici, venant du sud-est, cinquante-huit années avant notre ère, lorsque les Héduens, qui habitent cette région de Gaule, et depuis longtemps déjà s'honorent du titre de « frères et consanguins du peuple romain », appellent César à leur secours. Elle surgit, l'Histoire, comme le soleil, du côté du vieux sanctuaire gaulois des Fontaines-Salées ; elle emprunte les vallées touffues et y perce droit son chemin ; elle avance, l'Histoire, au pas des légions de Rome.

A quarante milles d'ici, au camp de Bibracte, César, qui vient de remporter sur les Helvètes une décisive victoire, écoute la harangue du chef Diviciac, devant la réunion des princes gaulois.

« *L'ensemble de la Gaule, César, est divisé en deux factions qui luttent âprement pour l'hégémonie ; l'une à sa tête a les Héduens, l'autre les Arvernes. Or il s'est produit ceci que les Arvernes et les Séquanes ont engagé des Germains à leur solde ; ces rudes barbares, passant le Rhin, ont pris goût à notre pays. Nous avons perdu, en nous mesurant à eux, toute notre noblesse, tout notre Sénat, toute notre cavalerie. Mais les Séquanes ont eu plus de malheur encore dans leur victoire que nous dans notre défaite. Car Arioviste, roi des Germains, s'est établi chez eux et s'est déjà emparé d'un tiers de leurs terres, les meilleures... Sous peu d'années, tous les Gaulois se verront chassés à moins que nous ne trouvions une aide auprès de toi, César. Car seuls ton prestige, tes victoires et le respect qu'inspire le nom de Romain peuvent empêcher que les Germains en plus grand nombre ne franchissent le Rhin.* »

Et les légions romaines se remettent en marche, et leurs aigles de bronze brillent à travers le feuillage. Les Germains repoussés laisseront quatre-vingt mille morts sur la terre d'Alsace. Les chemins de l'Histoire une fois tracés sont irréversibles.

Rendons à César ce qui lui appartient, et d'abord ceci qu'il vint dans ces plaines non point en conquérant mais en appelé, en allié de la volonté gauloise. Sur les dalles de la voie romaine ce n'est pas seulement la guerre qui s'avance ; ce sont les lois, les arts, les industries, l'administration, la pensée de Rome. Après l'effort pour survivre, l'art de vivre.

Le sanctuaire des Fontaines-Salées se transforme en thermes ; les villas s'inscrivent dans le paysage ; les temples couronnent les coteaux d'Avallon, d'Auxerre, d'Autun. Les devins observent le ciel depuis cette colline de Vizeliacum qu'ils nomment aussi la montagne du Scorpion.

Cette vallée, une parmi d'autres, cette vallée du sud au nord dirigée, sera l'un des canaux médullaires par où la sève de la civilisation, puisée dans les racines de l'Orient méditerranéen, va nourrir, irriguer, le grand arbre français.

Et c'est par là aussi que montera l'évangile.

La tornade des invasions pourra bien mêler les branchages des peuples et l'orage vandale foudroyer la ville éternelle. Les hommes de Francie, à travers la sanglante nuit médiévale, cherchent, robustes, l'espérance et la lumière.

Ici, neuf siècles après le passage de César, va s'élever l'une des flèches de la Foi.

Que disiez-vous, Romain Rolland, de cette lance d'archange plantée dans les sillons ?

« C'est l'église de Saint-Père, la première fleur d'art, gracieuse et parfaite. A peine je l'aperçois, c'est comme si des labours et des chaumes surgissait un rosier merveilleux. »

Saint-Père-de-Vézelay est une fleur de Paris semée dans le sol de Bourgogne. Car il était comte de Paris avant que de devenir comte de Viennois et régent de Provence, ce Girart de Roscidom ou de Roussillon, frère d'empereur, parent de tous les rois, descendant de Charlemagne et ancêtre des Capétiens, ce prince guerrier aux amours étranges que trois chansons de geste ont glorifié, et qui, pour une passion déçue ou pour un enfant mort, fit, d'accord avec la comtesse Berthe, son épouse, donation de sa villa de Vézelay, pour qu'elle devînt couvent de moniales, selon la règle de saint Benoît.

Homme si noble et puissant était ce comte Girart, qu'une fondation de lui ne pouvait dépendre d'aucun prélat, ni d'aucun prince sur la terre, hormis du pape. Et c'est du pape, en effet, que Vézelay va dépendre pour la seule et symbolique redevance « d'une livre d'argent par an ». Relever directement du plus haut seigneur, et du plus lointain, c'est en vérité ne relever de personne.

Mais presque aussitôt que fondé, Saint-Père est pris, Saint-Père brûle, Saint-Père s'effondre. Les bandes normandes qui, narguant les Carolingiens impuissants, ravagent l'empire écartelé, se sont avancées jusqu'en Bourgogne; elles ont pillé et détruit Saint-Père. Alors les bénédictins décident de rebâtir la fondation de Girart en un lieu, en une place où elle sera mieux défendue des hommes, et plus près du ciel.

Chantant psaumes, tirant charrois, hissant la pierre avec la croix, les moines de saint Benoît gravissent la colline éternelle.

QUATRIÈME TEMPS

Vers l'escalier sud de la terrasse.

Mille marteaux pendant cent ans
Mille marteaux sur mille pierres
Ont assemblé dans la lumière
La carène et les mâts du grand vaisseau roman.

Par la sueur et par l'esprit,
Par le secret du nombre d'or,
Par le décret de mille efforts
Monde, rythme et mystère en ces murs sont compris.

O toi Bourgogne, ô toi génie,
Parmi vos œuvres les plus belles
Où l'amour saisit la truelle
Pontigny, Avallon, Saint-Cydroine, Cluny,

Entre toutes sœurs non pareilles
Mais sur la même croix tracées,
Voici surgir, voici lancée,
Sur l'azur et le temps Vézelay-la-Merveille.

Basilique Sainte-Madeleine : enlèvement de Ganymède, chapiteau de la nef.

CINQUIÈME TEMPS

Devant l'escalier sud de la terrasse.

... Et la merveille est édifiée. Et lorsque l'incendie la frappe, la foi, le vouloir, le labeur, la redressent et l'agrandissent. L'œuvre de pierre, telle qu'encore offerte à nos yeux, occupe, en trois étapes, le XIIe siècle tout entier, et glisse du roman au premier gothique mais seulement pour se faire, de celui-ci, une couronne.

Huit cents moines alors desservent l'abbatiale autour de laquelle croît une ville de quinze mille âmes les moindres jours, et de cent mille souvent, quand la chrétienté entière y accourt et s'y côtoie.

Car, environ l'an mille, un moine, un fervent qui croyait, lui, à la survie du monde, a rapporté ici les reliques de la Madeleine. La légende veut qu'il ait trouvé dans la terre de Provence, du côté d'Aix ou de Saint-Maximin, un sarcophage de marbre autour duquel était sculptée la vie de la plus célèbre sainte, la divine pécheresse, la gouvernante de l'amour, du repentir et du pardon. Et le moine reconnut bien les ossements, dans le marbre enfermés, aux longs cheveux qui les drapaient encore.

Aussitôt la trouvaille, « l'invention » connue, les pèlerins ont afflué, qui espérant le miracle, qui espérant le bonheur, et qui l'absolution. La vierge vient demander époux ; la femme vient demander enfant ; l'aveugle vient demander la vue ; le veuf vient demander la réunion dans l'au-delà. Mais de tous les souffrants du monde, ceux les plus nombreux à se tourner vers la Madeleine, à lui promettre visites et offrandes, prient derrière les barreaux ; ce sont les prisonniers, ceux-là que le meurtre, le méfait ou des armes contraires retiennent captifs dans les geôles royales ou étrangères.

Et la Madeleine de Vézelay devient pour l'univers Notre-Dame-de-la-Liberté.

Liberté, c'est aussi le mot d'ordre, Vézelay, de tes abbés, des Eudes, et des Geoffroy, des Josserand et des Renaud, des Albéric, des Ponce, des Guillaume, lorsqu'ils luttent contre les évêques d'Autun, et contre les comtes de Nevers, et contre Cluny même, et contre le pape, s'il le faut, pour conserver à la fondation son indépendance originelle.

Liberté ! C'est l'idée pour quoi meurt Artaud l'assassiné, l'abbé massacré par les bourgeois de Vézelay. Mais c'est le cri de ces bourgeois eux-mêmes lorsqu'ils s'insurgent, initiateurs, voici tout exactement huit cents années, pour obtenir leurs franchises communales et faire reconnaître cette « *libertas vezeliacencis* » qui servira d'exemple à toute la Bourgogne. La flamme du bûcher sous eux allumé parce qu'ils étaient un peu cathares n'infirme pas la pureté de leur passion ; elle l'éclaire.

Ainsi durant de longs siècles, cette colline, bien que n'y croissent ni l'olivier ni le cyprès, va produire, cultiver, une liberté antique. Et pour cela aussi Vézelay est illustre, acropole de la Chrétienté.

Les princes, les marchands, l'industrie et la foi, tout ce qui pèlerine, s'instruit, négocie, venant de Flandre et de Brabant, du Rhin et d'au-delà le Rhin, passe et repasse par cette halte majeure sur la grand-route européenne, vers Saint-Jacques-de-Compostelle. Et charge sa besace, ses yeux ou son âme de souvenirs inégalés.

Que disiez-vous de Vézelay, au XIIe siècle, Hugues de Poitiers ?

« *Ainsi l'église de Vézelay, noblement née et noblement élevée, consacrée dès l'origine à la liberté, portait sa tête au-dessus de toutes les églises d'Occident.* »

Que disiez-vous de Vézelay, Pierre le Vénérable ?

« Dans nos pays, Cluny excepté, Vézelay ne connaît pas de rivale parmi toutes les maisons de notre ordre, et l'on peut vraiment dire avec le psalmiste : — Voici une montagne fertile, une montagne pleine d'abondance, une montagne où Dieu se plaît à résider. »

Pape Clément IV, qu'écriviez-vous, de Vézelay ?

« Ce monastère fut jadis un jardin de délices, vrai paradis du Seigneur, que l'abondance de ses richesses signalait entre tous les autres, et qui semblait mériter par la sainteté de ses œuvres les dons de la grâce dont il était comblé. »

Le veau d'or, chapiteau de la nef.

SIXIÈME TEMPS

Même lieu.

Passent aussi les conquérants, les intolérants, les ambitieux, les leveurs d'armées. Le roi Louis VII de France était plus vaniteux qu'héroïque et plus obstiné qu'avisé lorsqu'il entreprit de partir en croisade.

Ni le pape Eugène III, ni Bernard de Clairvaux, le saint qui en ce temps arbitrait l'Europe, n'étaient favorables au projet ; et Bernard, cette année-là, avait même demandé qu'on le déchargeât de toutes besognes dans le siècle.

Mais Louis le vaniteux, Louis l'inconséquent, s'entête, fait céder les sages répugnances et finit par obtenir du pape qu'il ordonne à Bernard de prêcher la guerre sainte.

Alors, pendant la semaine pascale de 1146, la voix violente, intransigeante, profonde de celui qu'on surnomme « la parole de l'Église romaine » s'élève de cette colline, s'adressant aux deux cent mille pèlerins assemblés, et, par-delà leur foule, aux princes et aux peuples de toutes les nations chrétiennes.

« Mes frères, le monde s'est ému, le monde a tremblé parce que le roi du ciel a perdu sa terre d'héritage, la terre où jadis ses pieds ont reposé. Depuis des siècles, l'Islam a sans cesse élargi son entreprise de domination, la plus vaste que le monde ait connue... Vous tous qui m'entendez, vous dont le pays est fécond en hommes courageux et riches... le Dieu vivant m'a chargé de vous crier :

— Qu'attendez-vous pour réparer tant de maux, pour venger tant d'outrages ?» Rappelez-vous l'exemple de vos pères qui ont conquis Jérusalem et dont le nom est écrit dans le ciel. Volez aux armes, et que le monde chrétien retentisse des paroles du prophète : — Malheur à celui qui n'ensanglante pas son épée !»

Et la montagne de Vézelay tremble du piétinement d'une fureur guerrière, et le ciel s'emplit des hurlements de tous les princes, barons, manants qui se bousculent et se renversent dans leur empressement à se croiser et à recevoir l'emblème de la guerre d'Orient.

«*Des croix, des croix, des croix, des croix...*»

Et il n'y a pas assez d'étoffe pour fournir toutes les croix réclamées, et saint Bernard, grand acteur de Dieu, déchire sa robe, la partage en lambeaux pour distribuer l'emblème à toutes les mains qui se tendent.

La propagande de Bernard roule le long de ces pentes, déferle sur la France, s'étend sur l'Europe entière. Anglais et Flamands, Espagnols, Italiens, Allemands, toutes les nations latines se joignent à la croisade. Les masses de cavaleries sont assemblées, escortées d'une piétaille nombreuse ; des flottes immenses sont lancées ; et aux armées se joignent, entraînées par la foi, le goût de l'aventure ou l'appât du profit, d'étranges bandes d'illuminés et de marchands, de femmes, d'enfants, de bandits. Bernard excuse, Bernard approuve, Bernard bénit.

«*N'est-ce pas une invention exquise et digne du Seigneur, que d'admettre à son service des homicides, des ravisseurs, des adultères, des parjures, et tant d'autres criminels à qui s'ouvre ainsi une occasion de salut ?*»

L'Europe se dépeuple et Bernard, regardant s'écouler ce fleuve de cuirasses et de haillons, peut écrire au pape Eugène, lui rendant compte de sa mission :

«*J'ai ouvert la bouche ; j'ai parlé et aussitôt les croisés se sont multipliés à l'infini. Les villages, les bourgs sont déserts. Vous trou-*

veriez difficilement un homme contre sept femmes. On ne voit partout que des veuves dont les maris sont encore vivants. »

Saint Bernard de Clairvaux, homme d'action et de foi, vous aviez reçu une traduction du Coran. Vous n'ouvrîtes jamais ce livre, de vous abhorré. Et pourtant, vous auriez pu y lire que l'Infidèle, lui aussi, promettait le Paradis à qui ensanglante son épée.

Triste, ô combien triste seconde croisade, noblement partie, ignoblement arrivée. La route est longue jusqu'à Jérusalem. Français et Allemands bientôt se détestent, et tous les Latins ensemble se font détester des Grecs. L'impréparation, l'obstination, la trahison, le soleil aussi et le manque de vivres, et la maladie, épuisent et amenuisent les troupes françaises, avant que les cimeterres les taillent en pièces. Passage du Méandre, défilés d'Anatolie, et Antioche, et Damas ; la croisade se transforme en un gigantesque chemin de croix.

Louis le vaniteux ne sauve de l'aventure que sa vie. Il y laisse sa formidable armée ; il y laisse sa gloire de roi ; il y laisse même son honneur d'époux, puisque sa reine, Aliénor d'Aquitaine, qu'il a voulu éblouir de ses exploits, se sépare de lui, devant l'assemblée des barons.

Quant aux bourgs et villages de France, ce sont de vraies veuves, à présent, qui les peuplent.

Alors Bernard de Clairvaux, qui voit son prestige atteint et ses miracles mis en doute, alors Bernard s'agenouille, regarde le ciel et parle enfin comme un vrai saint.

« *Les enfants de l'Église ont péri dans le désert, frappés par le glaive ou consumés par la faim. L'esprit de division s'est répandu parmi les princes et le Seigneur les a égarés dans des chemins impraticables. Nous annoncions la paix, et il n'y a point de paix ; nous promettions le succès, et voici la désolation. Ah ! certes, les jugements du ciel sont équitables, mais celui-ci est un grand abîme, et je puis déclarer bienheureux quiconque n'en sera pas scandalisé... Je reçois volontiers les traits empoisonnés du blasphème, afin qu'ils n'arrivent pas jusqu'à Dieu. Je consens à être déshonoré, pourvu qu'on ne touche pas à sa gloire.* »

Peuples qui vous croyez désignés pour détruire l'hérésie, le mal ou l'erreur à l'autre bout de la terre — et quel peuple, chacun à son tour, pour le service de sa gloire et de ses intérêts, n'a pas été induit en cette tentation orgueilleuse ? —, peuples, méditez sur cette colline la leçon de Bernard. C'est moins sa prédication exaltée qu'il nous faut retenir que l'aveu de son échec.

SEPTIÈME TEMPS

Sous les arbres, vers l'escalier est de la terrasse.

Où les rois sont passés repasseront les rois;
Où les saints ont prêché repoussera la foi.
Tertre de Vézelay revois sous tes feuillages
Courir les princes fous, penser les princes sages,
Les uns épris du bien, ceux-là épris d'eux-mêmes,
Et rager d'autres saints pour jeter l'anathème.

Cette ombre qui parmi l'ombre des arbres erre,
C'est celle de Becket, le géant d'Angleterre,
L'évêque ami des rois mais plus encore du ciel,
Qui depuis son exil, de ce socle éternel,
Invective prélats, souverains et barons,
Et condamne à l'enfer ceux-là qui le tueront.

Fantômes couronnés qu'une fausse embrassade
Réunit un moment pour une autre croisade,
Je reconnais en vous le roi majeur, l'Auguste,
Philippe le puissant, aussi fourbe que juste,
Et celui que déjà guettent les trahisons,
Le prince aventureux, Richard Cœur de Lion.

Une nubile enfant rêvant sous les ormeaux,
Des comtes de Nevers est le dernier rameau.
Courez, comtesse Agnès, courez tendre vos joues
Au cousin Courtenay dont on fait votre époux.
Un an après Bouvines et le salut de France,

Vous serez, Courtenay, empereur de Byzance.

Où les rois sont passés repasseront les rois;
Où les saints ont prêché repoussera la foi.

Le tympan du narthex, porte sud.

HUITIÈME TEMPS

Au pied de l'escalier est de la terrasse.

Il fallait bien qu'à tant de haine succédât un peu d'amour, à tant de guerres un peu de paix, à tant de drames, un peu de joie.

Ce sont deux compagnons de saint François qui viendront en ce lieu rappeler que l'homme est non seulement frère du soleil, des oiseaux et des fleurs, mais qu'il est aussi et d'abord frère de l'homme.

L'un de ces deux disciples du divin François, l'un de ces pauvres aux pieds nus et à la robe de bure ceinte d'une simple corde, mais riches tous deux de l'émerveillement de vivre, l'un de ces frères portait un nom merveilleusement prédestiné ; il s'appelait le frère Pacifique.

Installés au petit couvent de la Cordelle, au flanc de la montagne illustre, les franciscains ne quitteront plus Vézelay. Ce sont eux, de nos jours encore, qui desservent cette basilique, la conservent, la servent.

Frère Louis et frère Pacifique, hommes de bonté et de candide amour qui nous vinrent d'Assise, cette autre Acropole de la chrétienté, cette autre colline éternelle, et si pareille à celle-ci qu'elle semble sa jumelle, frère Louis et frère Pacifique, soyez ici salués en vos successeurs, sept cent cinquante années après votre venue.

NEUVIÈME TEMPS

Sous les arbres, vers le chevet de la basilique.

Sous cette cathédrale à ciel ouvert plantée
Procède, visiteur, dans les pas du saint roi :
Entre l'orme et le chêne, entends monter sa voix
Et l'écho des répons qu'il a ici chantés.
C'est Saint Louis sous ce temple feuillu qui s'avance,
Le roi au sceptre d'or mais au cœur humilié,
Le roi d'angoisse à deux genoux agenouillé,
Pour prononcer ici la prière de France.

Où les saints ont prêché repoussera la foi;
Où les rois sont passés repasseront les rois.

DIXIÈME TEMPS

Devant le chevet de la basilique.

Car la même année où mourait saint François d'Assise et où naissait saint Thomas d'Aquin, l'année aussi où l'astre Gengis Khan s'éteignait à l'Orient, Louis IX, en France, montait au trône. Le roi croisé qui sous son manteau d'hermine portait cilice de crin, le roi pèlerin hanté par l'idée de la mort, le roi obsédé de justice et de dogme, viendra par trois fois au cours de son règne, auprès de la Madeleine, chercher le véritable amour et la vraie bonté.

Au mois d'avril 1267, voici sept cents années enfuies, Saint Louis, accompagné d'un légat qui sera le pape Martin IV, arrivait en grand arroi de noblesse et d'Église pour procéder à la « relévation » des reliques de la sainte et assurer le monde de leur authenticité. Car « l'invention » du bon moine de l'an mille n'avait jamais cessé d'être contestée, comme à nouveau elle le sera dès dix ans après le passage de Saint Louis.

Relévation. Il s'agissait bien en effet de relever, et d'abord la croyance en la vertu des ossements ici déposés. Mais il s'agissait aussi de relever l'abbaye déjà décadente et dont la fabuleuse prospérité du siècle précédent n'était maintenant que souvenir.

Or, bien que déclinante, Vézelay demeure toujours disputée entre les comtes, les abbés, et la volonté d'indépendance de ses habitants.

Passent Louis le Saint et Philippe le Hardi. L'arbitrage du roi de France, au temps où la couronne se renforce et où s'affaiblit la papauté, apparaît bientôt comme le recours unique. « De personne ou du plus haut seigneur », telle semblait depuis l'origine la devise de Vézelay.

En l'an 1312, Vézelay est placée, seizième des bonnes villes royales, sous l'administration directe du plus haut seigneur, le « roi de fer », Philippe le Bel.

L'histoire de Vézelay désormais va se confondre avec l'histoire de la France.

Le chevet de la basilique.

ONZIÈME TEMPS

Sur l'esplanade
dominant le cimetière de Vézelay.

Sur cet arpent modeste au creux de la colline,
Sur ces tombes moussues où la lune décline,
Arrête, visiteur, tes yeux et ton esprit,
Et selon ton humeur, rêve, mesure ou prie.
Rêve à tous ces destins plus nombreux que les herbes
Dont le sol a dissous la force et la superbe ;
Rêve à tous les espoirs, les doutes, les ferveurs,
Rêve à tous les combats, rêve à tous les labeurs,
Que l'on a couchés là, au terme de leur peine,
Et mesure le temps à la poussière humaine
Dont le grand sablier des siècles est empli ;
Rêve à tout ce qu'ont vu tous ces yeux abolis.

Tels de ces morts, perdus à jamais dans la terre,
Qui ne sont plus qu'humus ou que feuille ou que vent,
Ont vu, durant la guerre et l'horreur de Cent Ans,
Passer sous leurs remparts les archers d'Angleterre
Et les rois s'acharner pour un trône vacant
Et des reines s'offrir comme ventre à l'encan,
Et le peuple, en deux parts mis lui-même aux enchères,
Souffrir la passion de la France en misère,
Tandis que l'écorcheur après le Bourguignon,
Et la peste après eux pour combler le guignon
Fournissaient sans relâche aux fosses des charniers,
Les corps que la famine avait pu dédaigner.

Par-dessus sont couchés certains qui virent naître,
Dans le soleil de juin celui qui devait être
Le second de Calvin et son premier recteur,
Le docteur de Genève aux discours admirables,
Théodore de Bèze, exemple des pasteurs.
Mais savait-il, ce pur, cet esprit indomptable,
Qui voulait au divin parler la langue humaine,
Savait-il les horreurs où l'amour de Dieu mène,
Et que le sang toujours vient souiller la rigueur,
Et qu'ici tour à tour Huguenots et Ligueurs,
De son bourg ancestral feraient leur place forte
Et qu'on pendrait des gens au linteau de sa porte?

Passent d'autres courroux, passent d'autres fureurs,
Ceux-là qui ont connu les mois de la Terreur,
Ceux-là qui ont connu les soirs de Thermidor,
Ceux-là qui de l'Empire ont connu l'avalanche,
Sont mêlés en ce champ où l'arbre fait sa branche,
Et le ramier roucoule aux rameaux de leur mort.
Quand s'en va le guerrier revient le bâtisseur.
Maçons et charpentiers, couvreurs, tailleurs de pierre,
Qui sous Viollet-le-Duc, sous Viollet le sauveur
Refirent Vézelay en sa splendeur première,
Ont fini dans ce clos leurs destins d'artisans.
Peut-être à leur mâchoire il reste quelques dents.

A fleur de souvenir, voici les tombes neuves
Où sont gravés encor les noms pour qui l'on prie.
Les hommes là couchés ont subi deux tueries,
Et si tant n'y sont pas c'est qu'y dorment leurs veuves.
Bien d'entre eux ont connu au temps de sa retraite
Un long vieillard frileux qu'ils saluaient très bas.
Rolland le saint laïc et le libre prophète,
Chevalier d'espérance à la parole ailée,
Rolland le mal compris pour trop de tolérance
Qui sonnait le pardon au milieu des mêlées
Et fit tant que la paix prit la langue de France.

DOUZIÈME TEMPS

Le long du flanc nord de la basilique
en revenant vers le grand portail.

Oui, c'est ici, dans ce Vézelay qu'il appelait « son jardin sans frontières », que l'auteur de *Jean-Christophe* choisit de terminer ses jours et ses combats. Sa vieillesse, de cette terrasse, vit partir et refluer les armées de 40.

Que disiez-vous, Romain Rolland, ici même, au terme de votre longue et douloureuse vie, vous l'ami de Tolstoï, d'Einstein et de Gandhi ?

« *Une telle épreuve doit être salutaire pour une race vigoureuse. Et du fond de la défaite, je vois resurgir une France plus saine et rajeunie, pourvu qu'elle le veuille. J'ai foi en l'avenir de mon pays et du monde.* »

Deux ans après la mort de Romain Rolland et huit siècles, année pour année, après la prédiction guerrière de Bernard, des hommes appartenant à quatorze peuples ont gravi cette colline, portant sur leurs épaules de lourdes croix, symboles de leur foi commune, mais symboles aussi des martyres particuliers endurés par chacune de leurs nations.

A la croix d'Angleterre étaient clouées Coventry, Birmingham, et les ailes des jeunes hommes morts dans le ciel de Londres, et les lambeaux poudreux de ceux déchiquetés dans les déserts d'Afrique. La croix de Pologne était sanglante encore du sang de Varsovie, et la croix de Belgique noircie par l'incendie.

Ils pesaient lourd à la croix de Hollande, les dockers d'Amsterdam, révoltés, fusillés, pour leur solidarité avec les Juifs. Ainsi, de tous les calvaires d'Europe, arrivaient pas à pas toutes ces agonies. A la croix de France, nous savons bien ce qui y palpitait, écartelé : maquis et partisans, combattants, déportés. Parmi ces croix, la plus pesante c'était à coup sûr la croix de l'Allemagne ; car elle aussi était présente puisqu'il faut bien qu'au bout du compte chacun soit pardonné, même Hérode et même Pilate, même Caïphe, même Judas.

Car si un seul homme reste sans pardon, nul homme au monde ne peut être parfaitement réconcilié, ni avec les autres, ni avec soi-même.

Cette croisade de la paix eut lieu en l'an 46 de notre siècle. Et depuis ce temps, le chemin de croix, sur la colline éternelle, reproduit le chemin de la passion d'Europe, l'Europe ressuscitée.

Portail central du narthex.

TREIZIÈME TEMPS

Dans le narthex.

Recueille-toi, visiteur, au sein de ce narthex ; accoutume ta vue aux splendeurs de cette ombre, et dispose ton esprit à entendre ce qui, en chacune de ces voûtes, par chacune de ces pierres, est ici écrit, gravé, manifesté.

Dehors est le monde où nous vivons, infini mais limité pour l'homme à ses perceptions immédiates.

Devant est le temple, compact et clos, mais qui figure l'univers total, visible et invisible.

Entre le monde et le temple, le narthex est pareil à l'écluse. C'est un sas pour les âmes, où la barque peu maniable de notre pensée, lourde de nos soucis, de nos désirs, de nos méfaits, de nos peines physiques, de nos angoisses, de nos échecs et de nos démissions, est amenée à un autre et supérieur niveau.

Autour de toi, visiteur, l'architecte inconnu, le sculpteur anonyme ont disposé au sommet de chaque colonne des scènes familières, des hommes, des femmes, des grappes de raisin, des tentations, des supplices, des saints en prière. Le sculpteur anonyme, l'architecte inconnu ont placé ces chapiteaux un peu plus haut que tes yeux, pour t'inviter à élever ton regard.

Laisse-toi flotter dans cette ombre dorée, laisse-toi, nacelle, monter doucement de pilier en pilier, jusqu'à ce seuil où l'entendement s'élargit, où l'invisible s'éclaire, où l'esprit communique avec l'essence et le principe des choses.

Voici ce seuil. Voici l'interne cloison du temple, appelée de ce même mot de tympan qui désigne la porte de ton oreille. Car le temple aussi est oreille, et de même que notre tympan nous traduit les bruits et les rumeurs de notre monde, de même ce tympan de pierre nous traduit les rythmes et les vibrations de l'univers. Ce tympan, c'est un livre à la fois de savoir et de rêve. Oh ! nous n'allons pas le lire ensemble ; il y faudrait la vie. Simplement, je veux vous en épeler le très sommaire alphabet.

Le pilier central sur lequel le tympan s'appuie, s'arrondit et s'épanouit, est le tronc du grand arbre de la vie.

Au-dessus, la tête au niveau de la croisée des branches, apparaît l'homme, l'homme en son principe, l'être qui a reçu maîtrise sur tous les règnes de la nature, le kouros porte-bélier des religions antiques, le baptiste porte-agneau des religions chrétiennes, l'annonciateur des accomplissements.

Couvrant le linteau, et puis montant de part et d'autre ainsi qu'un feuillage, sont les peuples foisonnants et divers, les nations multiples et cloisonnées, et pourtant rassemblées et communicantes, parce qu'une même parole, une même connaissance leur est distribuée, sève de leur croissance, par les deux groupes d'apôtres comme par des branchages majeurs.

Au centre, immense et drapé dans les plis de sa royauté, le Verbe, le Dieu-homme, non pas crucifié, saignant, trahi, mourant, non pas la souffrance humaine divinisée, mais majestueux, impérial, suprême ; la puissance divine humanisée.

Ce n'est pas pour rien que la jambe de ce dieu trônant a le mouvement de l'éclair, et traverse le tympan comme la foudre du Jupiter antique.

Ce n'est pas pour rien que ses doigts diffusent et dirigent, à travers le cosmos, les rayons qui vont toucher le front des apôtres.

Le narthex, tympan du portail central.

Ce n'est pas pour rien que son auréole est logée entre les reliefs qui figurent les peuples de l'Inde et ceux de l'Égypte.

Et tout cela s'inscrit dans un large zodiaque où tournent, au pas du temps, les mois de l'année humaine et les saisons de l'éternité.

Tout en haut, entre les constellations du cancer et du lion habitées par les deux luminaires, la lune et le soleil, on distingue une étrange figure : celle d'un jongleur accomplissant un saut périlleux. Vivre, certes, est périlleux exercice. Mais ne croyez pas pour autant que le sculpteur ait voulu terminer son œuvre par la figuration d'un tour de cirque. Cette figure renversée, dans un cercle inscrite et dont les pieds touchent la tête, c'est, au sommet de l'arbre de la vie, le symbole magique de l'homme achevé tournoyant dans l'infini des mondes.

A partir de cet alphabet chacun peut continuer de déchiffrer, et déduire ou rêver. Le mathématicien, l'architecte, calculeront les cercles et les angles où sont contenus ce tout et ses parties, et chercheront les nombres de la perfection. Le géologue, l'historien y trouveront aussi leur compte, le compte des ères et des siècles. L'astronome y apercevra les correspondances sidérales. L'artiste interrogera le génie qui disposa l'ordonnance de la composition, et dont la main fit passer dans la pierre ce vent des espaces qui agite, immobilement, la tunique du pancreator. Le poète imaginera ce que le saint murmure à l'ange, ce que l'apôtre chuchote à l'aigle. Et le mystique percevra, à travers cette oreille aux replis innombrables, ce qui dans le Verbe dépasse la parole et que les mots de l'homme ne peuvent exprimer. Et l'enfant qui dira simplement : « C'est beau » lui aussi aura compris.

Tel est le tympan de la Pentecôte qui distribue à chacun la part qui lui convient de lumière et d'entendement.

QUATORZIÈME TEMPS

Dans la nef.

Oui, qui dit sanctuaire dit représentation du monde. Mais l'image varie selon les époques, et selon l'idée que le bâtisseur se fait du monde.

Nous sommes déshabitués, depuis un millénaire, de l'idée de paix, de plénitude et de sérénité. Depuis un millénaire, parce que les gargouilles de la cathédrale, au centre de nos villes, promettent le Diable au pécheur, parce que le prédicateur promet l'extermination à l'incroyant, parce que le roi promet la pendaison à l'insoumis, parce que le peuple promet aux princes le poignard ou la hache, parce que le royaume promet au royaume voisin le massacre et la ruine, parce que l'océan promet le naufrage au navigateur trop présomptueux, parce que le ciel promet la chute à la race d'Icare, parce que l'étoile à présent promet la désintégration à l'astronaute tandis que l'humanité s'alourdit d'explosifs qui promettent l'éclatement à la planète, parce qu'en un mot chacun, prêtre, roi, citoyen, savant, héros, Église, collège, nation, cherche à exercer un pouvoir absolu sur les autres hommes ou sur les éléments, à cause de tout cela, l'homme, depuis mille ans, voit le monde, pareil à son âme, comme un immense champ d'horreur et de bataille.

Aussi le sanctuaire roman où tout est équilibre, ordonnance, conciliation, harmonie, le sanctuaire roman proche de l'église primitive qui elle-même se souvenait du temps antique, le sanctuaire roman, tel celui-ci, est toujours pour nous une surprise heureuse.

La forêt gothique abrite l'angoisse humaine, mais elle l'entretient. L'allée romane, telle qu'ici, offre aussi refuge à l'angoisse, mais pour la dissoudre.

L'arc ogival, brisé, est un affrontement de forces et comme la supplication de deux bras sur lesquels l'infini pèse trop lourd. L'arc en plein cintre, tel qu'ici, a la courbe apaisante d'un ciel sans menace.

La cathédrale gothique écrase, étouffe ; elle impose l'agenouillement à qui lui appartient, et rejette, intolérante, qui ne lui appartient pas. L'église romane, claire, régulière, aérée, sereine, est ouverte à tout homme qui veut y entrer et, par ses longs déambulatoires, invite à méditer tout en marchant au pas de ses piliers. Elle est construite pour aider l'homme à réduire les dissonances qui le déchirent, et à se situer, dans l'univers, sans excès d'orgueil ni excès d'effroi.

La pierre des murs y a la blondeur des moissons ; mais le long des nervures de sa solide carène, blocs noirs et blocs blancs alternent ainsi que le jour et la nuit.

Et sur les chapiteaux, qui sont pour l'œil pierre d'aimant et signes conducteurs de la pensée, le sculpteur a mêlé la genèse et le rêve, l'Évangile et les travaux des champs.

Tout est arrondi dans le temple roman, arrondi comme le sein de la mère, comme le geste du semeur, et comme le sourire de l'ange.

Temple roman, pareil à la vie ! S'il est durable, s'il est fécond, si chaque fois que ruiné il est reconstruit, si après tant de siècles il nous enseigne encore, c'est qu'il fut fait comme la vie même.

Sa crypte, gardeuse d'ombre et de secret, en est la terrestre matrice où la semence aérienne, longtemps errante, fut déposée. Importe-t-il beaucoup de savoir si cette semence, cette osseuse poussière, appartint matériellement à l'une des trois femmes que l'Écriture désigne du nom de Madeleine ; celle du péché, du parfum et de la conversion, celle de Béthanie, sœur de Marthe et

Lazare, celle du pied de la croix, visionnaire de la Résurrection, qui peut-être n'étaient que deux et qui peut-être étaient la même ?

La semence ne vaut que par les fruits qu'elle engendre. La semence est voyageuse ; elle tombe du ciel comme le grain et comme la lumière. Elle est *l'idée*. L'idée de la Madeleine est ici, depuis mille ans, présente et perpétuée. Elle vaut qu'on s'incline et qu'on la salue.

Je te salue, Madeleine,
Pleine de charme et de larmes ;
Que notre amour soit avec toi.
Tu nous es précieuse entre toutes les femmes ;
Qu'à jamais soit béni le geste de tes doigts.
O toi tout à la fois la servante et la reine,
Qui répandis le nard aux pieds de ton Seigneur,
Compagne de nos maux, compagne de nos peurs,
Notre-Dame du terrestre amour, Madeleine,
Sœur de nos repentirs et de nos abandons,
Toi l'amie de tous les pardons,
Qui n'est douce au guerrier que lorsqu'il est blessé,
Plus fidèle au héros plus il est offensé,
Indispensable visiteuse
Quand notre âme à nous-même est supplice et prison,
Toi prometteuse
De liberté, de paix, d'entente et de raison,
Sois présente à jamais aux jours de notre vie.
Que ton sourire éclaire et nos joies et nos peines ;
Qu'il dissolve en nos cœurs la fureur et l'envie ;
Qu'il soit sur nos labeurs, que sa lueur nous mène
Au terme satisfait de la tâche accomplie.
Tu es fleur dans le ciel : tu es fleur et pollen
Que disperse le vent de nos quatre saisons.
Je te salue, Madeleine,
Au lieu que tu choisis entre tous horizons
Pour mieux y surveiller tes moissons d'espérance,
La colline sacrée de Vézelay en France.

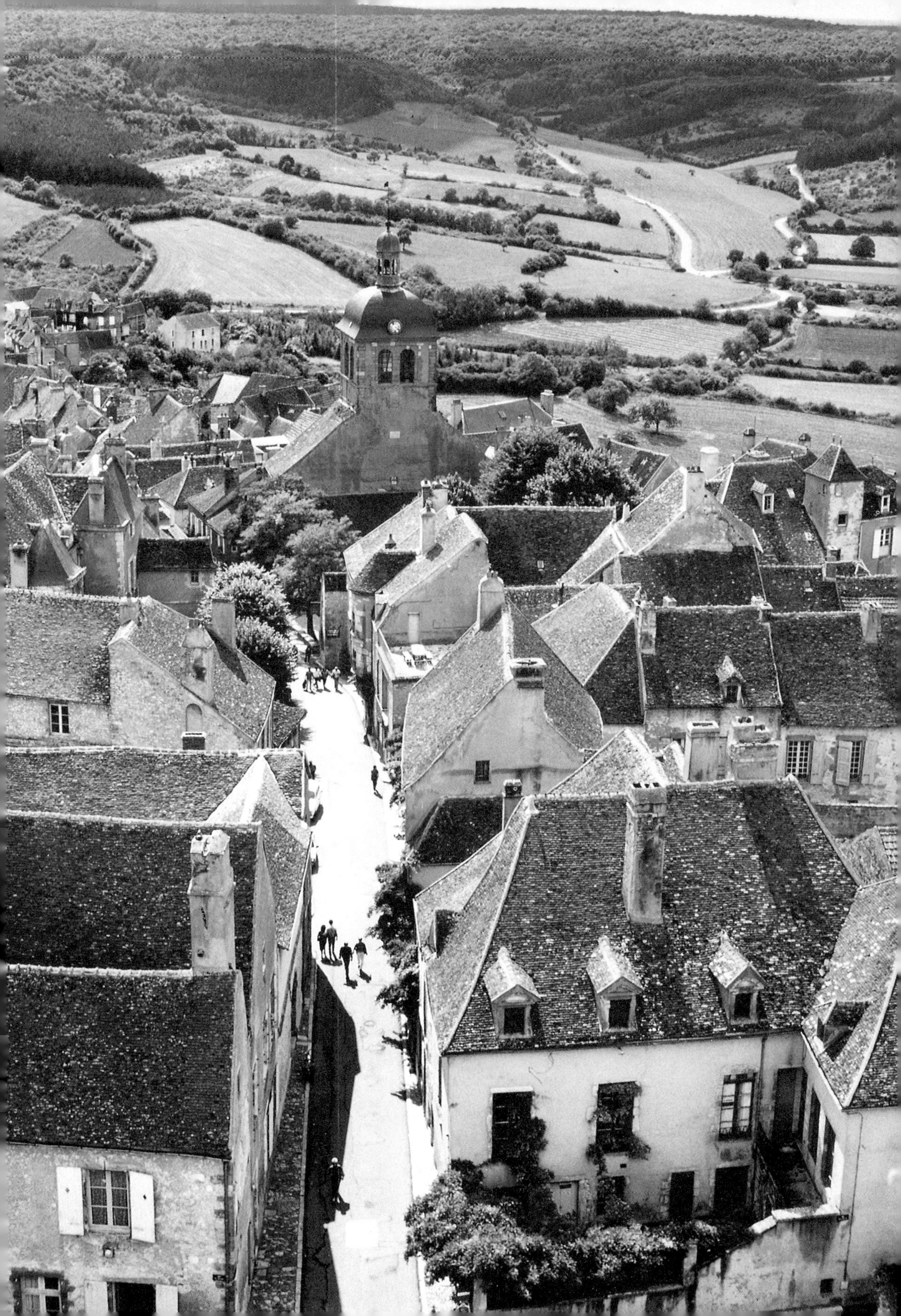

VÉZELAY
DANS L'HISTOIRE, L'ART ET LA FOI

ANTHOLOGIE
réalisée avec la collaboration
de Jacques Suffel

Jésus, chapiteau du narthex.

I

Vézelay, dans l'Histoire

CHRONOLOGIE

Vers 860 Girart de Roussillon, comte de Vienne et la comtesse Berthe, sa femme, fondent à Vézelay un monastère placé sous l'autorité directe du Souverain pontife.

863 Le pape Nicolas Ier accepte d'assumer la protection du monastère.

878 La congrégation de moniales est remplacée par des moines de l'ordre de saint Benoît.

1050 Le pape Léon IX confirme l'abbaye de Vézelay dans ses privilèges. Le culte de sainte Marie-Madeleine est associé à Vézelay à celui de saint Pierre et de saint Paul, premiers patrons de l'église où les reliques de la sainte, découvertes en Provence, auraient été transportées dès le IXe siècle.

1104 La basilique de Vézelay, dont la construction a été entreprise par Artaud, 13e abbé, est dédiée à sainte Madeleine.

1105 L'abbé Artaud est massacré au cours d'une sédition.

1120 Le 22 juillet, un incendie, qui fait plus de mille victimes, détruit en partie la basilique.

1132 La basilique, reconstruite, est consacrée par le pape Innocent II.

1146 Saint Bernard prêche la Deuxième Croisade à Vézelay.

Vers 1150 Rédaction de la chanson de geste *Girart de Roussillon*.

1152-1155 Les bourgeois de Vézelay, en révolte contre l'abbé Pons de Montboissier, s'organisent, avec l'appui du comte de Nevers, en commune indépendante. Soutenu par le roi de France, l'abbé Pons obtient leur soumission.

1165 Un nouvel incendie détruit le chœur de l'église.

1166 Du haut de la chaire de Vézelay, l'archevêque de Cantorbery, Thomas Becket, condamne l'attitude du roi d'Angleterre Henri II.

1190 Avant leur départ pour la Troisième Croisade, Philippe Auguste et Richard-Cœur-de-Lion se rencontrent à Vézelay.

Vers 1215 Achèvement de la basilique dans le style gothique.

1265 Les reliques de sainte Marie-Madeleine sont exhumées à Vézelay.

1267 Le 24 avril, en présence de saint Louis, le légat pontifical procède à l'élévation solennelle des reliques de sainte Marie-Madeleine à Vézelay.

1279 Découverte à Saint-Maximin, en Provence, des vestiges d'un corps féminin et d'inscriptions affirmant qu'il s'agit de sainte Madeleine.

1447 Jean Wauquelin retrace dans son histoire de *Girart de Roussillon* l'épisode du moine Badilon, qui transporta à Vézelay les reliques de sainte Marie-Madeleine.

1458 Le 20 décembre, bulle du pape Pie II accordant des indulgences aux fidèles qui contribuent par leurs offrandes aux réparations de la basilique de Vézelay.

1538 Le 30 janvier, sécularisation de l'abbaye de la Madeleine de Vézelay par une bulle du pape Paul III (les moines sont remplacés par quinze chanoines sous l'autorité d'un abbé commendataire).

1569 Vézelay tombe au pouvoir des protestants, pillage de la basilique.

1659 L'abbaye de Vézelay est placée sous l'autorité de Louis Fouquet, évêque d'Agde, frère du surintendant des Finances.

1702 Pierre de Tencin succède à Mgr Fouquet.

1758 Louis Berthier de Sauvigny remplace le cardinal de Tencin à la tête de l'abbaye.

1769 Louis le Bascle d'Argenteuil succède à Berthier de Sauvigny et sera le dernier abbé de Vézelay.

1790 Le 6 décembre, le Directoire d'Avallon supprime l'église collégiale en vertu des lois de l'Assemblée constituante; l'église est fermée, les édifices conventuels sont démolis.

1819 Un incendie provoqué par la foudre détruit le clocher de la basilique de Vézelay.

1834 Prosper Mérimée, inspecteur général des Monuments historiques, visite Vézelay et constate le délabrement de la basilique.

1840 Viollet-le-Duc est chargé de la restauration de l'édifice.

1859 Après vingt ans de travaux, la restauration de Viollet-le-Duc est terminée.

1876 L'archevêque de Sens restitue solennellement à la basilique une relique de sainte Marie-Madeleine provenant de Vézelay.

1946 40 000 pèlerins, venus de tous les coins de l'Europe, commémorent le 8e centenaire de la Deuxième Croisade à l'abbaye de Vézelay qui a retrouvé son caractère de haut lieu spirituel.

Tête de diable, chapiteau de la nef.

La fondation légendaire

GIRART DE ROUSSILLON

(Manuscrit d'Oxford, XIIe siècle)

La fondation du premier monastère de Vézelay est rapportée dans Girart de Roussillon, *chanson de geste du* XIIe *siècle, qui nous est connue principalement par le manuscrit conservé à Oxford. Ce poème de plus de 9 000 vers reprend, dans un dialecte gallo-roman, mélange de provençal et de français, des récits antérieurs aujourd'hui disparus. La traduction française a été établie en 1884 par Paul Meyer.*

Cum girarz fu annaz li cons en france
E la contesse part de sa pesance
Por larme de son fil fet gªnt enprance
De son auer donat e sa substance
Pois uait a uerzelai bone esperance
La sainte magdalaine u a fiance
Fait son mosteir funder quā pot lenāce

Quant la contesse uait a uerselai
La paubre gent del ren por li si trai
Por la gªnt caritat e bien que fai
Que dex grat son segnor lai u sen uai
E cel qui bien conoist son cor uerai
Li monstret p samblant que ne sesmai
Damar lui e seruir quar molt li plai

Jste donne non ame ome qui ment
Por coueitat dauer de iugement
E non cheuauge gins a celement
Abanz lo fait saber dum meis uertent
Que uienent au chemin li paubre gent
E ele dert ses ols uers deu souent
Qui li done lauer quele lor rent
E uint a uerzelai aiqui descent
La nuit songet un songe en son durmēt
Que uit un satanas samblant serpent
Qui de son mau ueni loc de piument
La uolie abeurar qªnt li descent
Li grant uertuz des ciel qui len defent
O deman o contet monge garsent

Quand Girart fut allé en France, la comtesse fit trêve à sa douleur : pour l'âme de son fils [1], elle se mit à donner largement de son avoir. Puis, pleine d'espérance, elle se rendit à Vezelai. Elle fonda un moutier en l'honneur de sainte Madeleine en qui elle se fiait, et l'enrichit le plus qu'elle put.

Lorsque la comtesse fut venue à Vezelai, la pauvre gent du royaume s'y rendit, à cause des grandes charités qu'elle accomplit afin que Dieu protège son époux, où qu'il soit. Et celui [2] qui connaît la pureté de son cœur lui montra par des signes apparents qu'elle n'avait pas à se décourager de l'aimer et de le servir, car il lui en savait gré.

Cette dame était l'ennemie de tout homme qui, par cupidité, rend un faux jugement. Elle ne chevauchait pas en cachette, mais, un mois d'avance, elle faisait connaître son intention, de sorte que les pauvres gens venaient se placer sur son chemin. Et elle levait souvent ses yeux vers Dieu, le priant de lui tenir compte des aumônes qu'elle leur faisait. Elle descendit à Vezelai. La nuit, en son sommeil, elle songea qu'elle voyait un diable en forme de serpent qui lui voulait faire boire de son venin, comme si c'eût été du piment [3], quand la puissance céleste vint l'en défendre. Le lendemain, elle conta ce songe au moine Garcen.

1. Assassiné par Guy de Risnel, selon l'auteur du poème.

2. Dieu.

3. Boisson épicée.

Monge augaz mon songe de q^e^l pot meure
Qua ueu ian satan samblant coloure
Ki de son mal uenim me teptat soure
Quem uolie abeurar en uas de coure
Quant de deuers lo cel prest mane ploure
E lo satan sen fuit de soz un roure
Donne quar la manest iste sainte oure
E lo g^a^nt ben que fas a ca gent poure
Deus te gart ki te pot liar e solure

« Moine, écoutez mon songe ; d'où peut-il venir ? J'ai vu un diable sous la forme d'une couleuvre qui cherchait à me faire périr par son mauvais venin, voulant me faire boire dans un vase de cuivre, lorsque du ciel il commença à pleuvoir de la manne. Aussitôt le serpent s'enfuit sous un chêne. — Dame, c'est qu'il est affligé de l'œuvre sainte que tu as entreprise, et du grand bien que tu fais aux pauvres. Dieu te protège qui peut lier et délier ! »

Pierre sculptée.

Les œuvres pieuses de Girart et de Berthe

GIRART DE ROUSSILLON

(Manuscrit de Paris, XIIe siècle)

Le manuscrit conservé à Paris est moins complet que celui d'Oxford; néanmoins il est seul à comporter ce passage terminal. Traduction de Paul Meyer.

Era es fenitz lo lhibres e la cansos
De .K. e de .G. los rixs baros,
E de .F. e de Bos los Braimansos.
Lhi cop si foro fer e engoissos,
Que de sai que de lai remanen blos.
A la fi venquet .K. G[irart] et ls sos.
.XXII. ans n estet pels bos erbos
Amassan lo carbo ab dols ab plors,
Puis cobret son dugat, fei que dei vos,
E fo molt om benignes religios,
E basti ne mostiers, sapchatz, pluros,
Versalai l abadia es us dels bos.
Plus de .CCCC. gliesas ab orazos
Fetz far .G. e Berta la dona pros,
E dotero las totas de fortz rix dos,
De chastels e de vilas, (e) de rixs maios.
Per totz meiro personas, abatz, priors.
Tant quant te la Bergonha on es Dijos,
I a be pauchas gleias mas de lor dos.
Grans bes e grans almornas e grans perdos
Fai om en sancta gliesa per ambedos;
Quar ilh l an eretada, ben es razos.
Si .G. fetz gran mal tot en prumier,
El s esmendet molt be tot en derier,
Qu el fetz gran penedensa en un mostier
Qu el meteis fetz bastir molt bo e chier,
E mes i .C. donselas e i fetz mongier.
Nulha re no fan clers mas dieu preier
Per lui e per Na Berta soa molher.
.M. marxs lor det de renda ses tot gabier;
Cel o pot be vezer que i vol alier.
Na Berta la duguessa deu fort amier
Totz om que ama dieu, Jesu preclier;
Quar ela fet[z] tan be e fai enquier,
Deu preiem tuh essems, n aia loier
Lạ bo[na] dona chara ses tot empier,
La melher que anc fos ni ja non er.

Voici finis le livre et la chanson de Charles[1] et de Girart, les puissants barons. Les coups qu'on se porta furent si durs et si douloureux que, de part et d'autre, on en resta éclopé. A la fin, Charles triompha de Girart et des siens. Par suite, celui-ci vécut vingt-deux ans par les champs, ramassant le charbon dans la douleur et dans les pleurs. Puis il recouvra son duché, par la foi que je vous dois, et vécut en homme bon et religieux. Il bâtit de nombreux monastères. L'abbaye de Vezelai est un des principaux. Girart et Berte, la bonne dame, firent faire plus de quatre cents églises et les dotèrent toutes richement, en châteaux, en villages, en riches maisons. Dans toutes, ils placèrent des clercs, abbés ou prieurs. Aussi loin que s'étend la Bourgogne, où est Dijon, il y a bien peu d'églises qui n'aient pas été fondées par eux. Sainte Église fait pour eux deux de grands biens, de grandes aumônes, de grands pardons, et c'est justice, car ils l'ont enrichie.

Si Girart fit dans les premiers temps beaucoup de mal, il l'amenda largement à la fin. Il accomplit une grande pénitence en un moutier bon et riche et qu'il fit bâtir lui-même. Il y mit cent damoiselles et y fit un bâtiment pour les moines. Les clercs n'y font que prier Dieu pour lui et pour dame Berte, son épouse. Il leur assigna mille marcs de rente, rien de moins. Celui-là peut s'en convaincre qui voudra y aller voir. Tout homme qui aime Dieu et Jésus-Christ doit bien aimer dame Berte, la duchesse, car elle a fait et fait encore tant de bien. Prions Dieu tous ensemble qu'elle en soit récompensée, la bonne chère dame, la meilleure qui ait jamais été et puisse être.

1. Charles le Chauve.

Verselai 1 abadia son sebelit
Li dux e la duguessa si cum om dit.
Auian tuh la chanso, gai e marih;
Lhi gai per las proesas que an auzit
Que de tota proesa sian plus ardit,
E lhi marrih en parlen plus issernit,
E garen de far guerra ni tant turbit,
E a 1 u et a 1 autre es issernit.
En aquesta chanso tot es escrit,
Com en puscha far guerra ni so oblit.

A Vezelai l'abbaye sont ensevelis le duc et la duchesse, selon ce qu'on rapporte. Oyez tous la chanson, joyeux ou affligés, les joyeux pour que les prouesses qu'ils auront entendues les rendent plus aptes à toute prouesse, les affligés pour qu'ils en parlent de science plus certaine et se gardent de faire la guerre et de causer des désastres; pour les uns et pour les autres, ce sera profit. En cette chanson est tout écrit comme on peut faire la guerre et vivre en paix.

La nef.

Les reliques de la Madeleine

JEAN WAUQUELIN
(XVe siècle)

Du XIe au XVe siècle, la légende de Girart de Roussillon *a fait l'objet de différentes versions, latine, provençale ou française. L'une des dernières est le récit en prose de Jean Wauquelin (1447), dont un abrégé fut inséré dans l'*Histoire de Charles Martel *(1448). Wauquelin a développé l'épisode de Badilon, répandu dès le XIe siècle, qui concerne la découverte des ossements de sainte Madeleine et leur transport à Vézelay. Le texte ci-après constitue le chapitre XVIII du résumé de Wauquelin (édité au XVIe siècle, réimprimé en 1856 par Alfred de Terrebasse).*

Cy dist comment Gerard de Roussillon enuoya querir en Prouuence le corps de la glorieuse Magdaleine, & le fist mettre & poser en l'abbaye de Vezelay qu'il eut nouuellement fondée.

Au temps du puissant roy Charlemaigne que les Sarrazins furent par sa puissance boutez hors du pais d'Acquitaine & d'Espaigne, iceulx Sarrazins a leur despartement desditz pais bouterent les feulx par tous les lieux ou ilz passerent & destruisirent tout deuant eulx, villes, chasteaulx & forteresses sans y laisser pierre sur pierre, entre lesquelles citez ilz destruisirent totalement la cité d'Aix en Prouuence ou estoit enterré le corps de la Magdaleine, lequel ioyau & noble tresor Gerard de Roussillon desiroit a auoir par dessus tous les reliquaires du monde : se que pour ce fait il parla un iour a l'abbé de Vezelay de ceste matière, lequel abbé se nommoit Udo, & conclurent ensemble qu'ilz envoyeroient en Prouuence aulcuns prudens hommes sages pour trouuer en ce sainct corps & pour le rapporter deuers eulx ; si enuoyerent ung noble moyne religieulx de Vezelay nommé Badillon & auec luy aulcuns preudhommes & leur prierent bien d'eulx employer en ceste queste : ceulx qui desirans estoyent d'acomplir ceste besoigne se mirent a chemin & cheminerent tant qu'ilz vindrent en Prouuence au lieu mesmes ou la cité d'Aix souloit estre assise, mais le lieu estoit lors tant desollé & tant destruit que on n'y veoit que ruyne & se n'y demouroit homme ne femme : si se prindrent a querir en plusieurs lieux & tant qu'ilz trouuerent ung beau farcus pour apparence, mais il estoit tout couuert de charbons & de pierres. Et lors ilz le commencerent a descouurir & trouuerent tantost les lettres escriptes dessus le tombeau, lesquelles contenoient & donnoient a entendre que la dessoubz gisoit le corps de la glorieuse Magdaleine & mesmement sa vie & conuersation y estoient pourtraictes & escriptes. Si en eurent grant ioye & lors ilz se mirent tous en oraisons en priant a Dieu deuotement qu'il les voulsist conduyre & tellement adrecer qu'ilz peussent acheuer ce pourquoy ilz estoyent la venus. La nuyt ensuyuant, ainsi comme il se reposoyent la benoiste Magdaleine s'apparut au moisne Badillon qui encores n'osoit toucher au sainct corps & luy dist qu'il fist hardiment ce qu'il vouloit faire, & qu'elle luy aideroit tellement qu'il n'auroit ia nul encombrier en chemin : de laquelle vision Badillon fust moult joyeulx, si le releva tantost a ses compaignons qui pareillement en eurent grant ioye, & lors par grant deuotion & reuerence ilz commencerent a descouurir le tombeau duquel issoit une tant bonne odeur & tant souesue qu'il leur sembla proprement qu'ilz fussent en paradis. Et trouuerent illec le corps de la Magdaleine gisant tout entier, si le tirerent dehors en pleurs & en larmes, puis le mirent sur ung sommier & se mirent prestement au retour. Et lors comme en allant leur chemin ilz eurent paour qu'ilz ne fussent trouuez en portant ce sainct corps, car il estoit de grant veue, quant ilz vindrent a une cité nommée Nyues la ou ilz vindrent sur le tart, ilz allerent a l'eglise ou ilz ieurent toute la nuyt par le gré de ceulx qui la gardoient. Et lors en grant paour & reverence & pour plus seurement porter ce sainct corps & a mains d'apparence, ils briserent & descurerent les jambes & les cuisses ensemble hors du corps sainct & puis ilz le trousserent en mains d'apparence que ilz peurent & en ce point le porterent tant qu'ilz vindrent assez pres de l'eglise de Vezelay. Et la ilz se assirent pour reposer & descharger leur sommier pour mieulx remettre a point, mais il leur aduint quant ilz cuiderent le corps sainct releuer de terre pour recharger qu'ilz le trouuerent si pesant qu'il ne fut en eulx tous de le pouoir releuer ne souldre de terre dont ilz furent bien esbahys. Et lors ilz enuoyerent tantost l'ung d'eulx signifier leur venue & leur aduenture a l'abbé & a monseigneur Gerard qui leans estoit noblement acompaigné : lesquelz incontinent se confesserent & se mirent en bonne deuotion, & a tres noble proucession deuotement a nudz piedz chantans louenges a Dieu s'en vindrent ou ce sainct corps reposoit & le adourerent tous deuotement. Et puis par le conseil de l'abbé, monseigneur Gerard approcha du sainct corps & le leua de terre en grant paour & reuerence, & troussa sur ses espaules assez legierement dont chascun plora de ioye. Ainsi doncques en chantant louenges a Dieu ilz s'en reuindrent a l'eglise de Vezelay & la le poserent moult honnorablement : auquel lieu Nostre Seigneur pour sa bonne ame a fait maint bel & notable miracle & fait encores iusques auiourdhuy. Toutesfoys les Prouuençaulx dient qu'ilz ont encores le corps de la Magdaleine & qu'elle ne leur fut oncques tollue. Mais saulue leur grace le corps est a Vezelay comme dit est, car au temps de monseigneur sainct Loys roy de France le precieulx corps de la Magdaleine fut par ung cardinal de Rome esleué & mis en fiertre, present ledict roy sainct Loys & plus de XX mille hommes sans les femmes & les enfans qui y furent. Si ne doit nul croyre qu'elle soit en quelque aultre lieu sinon a Vezelay. Mesmement dient ceulx du pays que nul ne vient en ladicte eglise requerre la benoiste saincte Marie Magdaleine par bonne deuotion pour quelconque tribulation que ce soit, que tost & hastiuement il ne soit secouru & aydé en ses necessitez.

Le testament du comte Girart

RENÉ LOUIS

Dans son ouvrage : Girart, comte de Vienne (...819-877) et ses fondations monastiques, *qui complète sa thèse intitulée* Girart, comte de Vienne, dans les chansons de geste (*ens. 3 vol. in-8°, Auxerre, 1946-1947), René Louis a retracé l'histoire de Girart de Roussillon.*

Il explique en ces termes dans quelles conditions le chef de guerre bourguignon et sa femme Berthe fondèrent les monastères de Pothières et de Vézelay :

... Berthe, mariée depuis une quarantaine d'années[1], avait perdu au moins deux fils et une fille[2] et elle avait passé l'âge d'être mère à nouveau. Seule de tous ses enfants, *Ava* (Ève) souscrit la charte de fondation des deux abbayes, et il n'est plus question d'elle par la suite. On comprend dès lors que Girart et Berthe, dont le sentiment religieux se manifeste dans la touchante épitaphe du petit Thierri et dans l'inscription brodée sur la nappe de Saint-Étienne de Lyon, aient conçu le projet de faire de Dieu l'héritier d'une partie notable de leurs biens. Mais s'ils choisirent à cet effet, non pas leurs terres patrimoniales d'Austrasie ni les bénéfices qu'ils avaient reçus dans le royaume de Provence, mais uniquement l'ensemble de leurs domaines sis dans le royaume de Charles le Chauve, ce choix nous semble bien avoir été dicté par les considérations temporelles et politiques...

L'acte par lequel Girart et Berthe ont rendu publiques, après un certain laps de temps, la fondation et la dotation des abbayes

1. Elle l'était dès 819 ; c'est-à-dire qu'elle avait à peu près la soixantaine en 859.

2. Le fait ressort de l'expression que Girart et Berthe emploient dans la charte de fondation de Pothières et Vézelay : *pro nobis etiam filiisque ac filiabus, viventibus sive defunctis...*

de Pothières et de Vézelay, se présente comme un testament[1] par lequel ils désignent ces deux maisons religieuses comme héritières d'une portion déterminée de leurs biens. Les rédacteurs eux-mêmes ont employé à plusieurs reprises ce terme de « testament » : *... prœsentis nostri testamenti..., testamentario libello..., hoc autem testamentum plena a nobis pietate et devotione confectum...* Bien que l'original soit perdu et que nous n'en possédions plus qu'une copie faite à Vézelay au XIIe siècle, nous n'avons aucun motif de suspecter l'authenticité du document... La pièce est d'une importance capitale pour la biographie du comte Girart et mérite d'être examinée dans le détail.

Elle est adressée à tous les fidèles du Christ, présents et futurs. Le comte Girart et son épouse très chère et très aimante ont décidé d'employer leurs biens à assurer à Dieu une louange perpétuelle. Puisque l'empereur Louis le Pieux, sa femme Judith et leur fils Charles le Chauve ont comblé Girart et Berthe d'honneurs et de bénéfices, les deux époux tiennent à instituer, grâce à ces largesses, des maisons où Dieu sera sans cesse prié pour le salut éternel de leurs bienfaiteurs. Les fondateurs veulent aussi des prières pour leurs parents respectifs : Leuthard et Grimeut, Hugues et Bava, et pour leurs proches et alliés, notamment Liutfried et Alard.

Un monastère d'hommes a donc été fondé, sous la règle de saint Benoît et en l'honneur des saints Pierre et Paul, sur le territoire de la *villa* de Pothières, au bord de la Seine, dans le pays de Lassois, au royaume de Bourgogne. A ce monastère, Girart et Berthe ont affecté la *villa* même de Pothières, aux abords de laquelle il se trouve ; tout ce que les fondateurs, dans ce même *pagus* du Lassois, avaient hérité de leurs parents, tout ce qui leur avait été donné par un diplôme de Charles le Chauve et toutes les acquisitions qu'ils y avaient faites ; dans le *pagus* de Sens, les domaines de Sixte, Villemanoche, Véron, Villiers-Louis, une partie du Pêchoir ; enfin tout ce qui leur appartenait au *pagus* de Troyes.

Un second monastère, destiné à des moniales et soumis également à la règle de saint Benoît, avait été installé sur le territoire de Vézelay[2], dans le *pagus* d'Avallon, au royaume de Bourgogne. Girart et Berthe avaient attribué à ce deuxième monastère la *villa* même de Vézelay, telle

1. D'après les principes du droit romain, ce soi-disant *testamentum* n'est qu'une donation entre vifs sous réserve d'usufruit, une *traditio* qui n'obtiendra son plein effet qu'après la mort du concédant.

2. Ceci ne doit pas s'entendre de la ville actuelle de Vézelay, mais de *Vercellacus*, *vicus* gallo-romain qui s'étendait dans la vallée de la Cure, depuis l'emplacement de l'actuel village de Saint-Père-sous-Vézelay jusqu'aux ruines antiques des Fontaines-Salées.

qu'ils l'avaient acquise de l'empereur Louis le Pieux par un échange, avec tous les territoires du voisinage qui s'y rattachaient ; toujours dans le *pagus* d'Avallon, les *villae* de Dornecy, *Cisternas*, Fontenay et *Molnitum* ; en un mot, toutes leurs possessions des *pagi* d'Avallon et de Tonnerre.

Les donateurs abandonnaient aux deux abbayes la propriété de tous ces biens, dont ils se réservaient seulement l'usufruit pour le temps de leur vie, ainsi que le droit de garde (*tuitionem quoque atque defensionem*). Après le décès des fondateurs, les revenus de tous ces biens ne devaient servir qu'à l'entretien des religieux et religieuses, sans être jamais grevés de droits ni de rentes à l'égard de quiconque. Les monastères ne payeraient de redevance qu'au Souverain pontife : deux livres d'argent chaque année — une livre par abbaye — en signe de soumission au successeur de saint Pierre. Les moines et moniales auraient aussi l'obligation de faire des prières spéciales pour Louis le Pieux et Charles le Chauve, Ermengeard et Judith, femmes de Louis le Pieux, Ermentru, femme de Charles le Chauve, ainsi que pour leurs pères, mères, fils et filles ; de même pour Girart et Berthe, leurs fils et filles vivants ou défunts, tous leurs amis et la foule des fidèles.

Les fondateurs confiaient les deux monastères aux pontifes romains et les soumettaient à leur autorité, mais sans que ceux-ci pussent jamais les concéder en bénéfice à quiconque. Les abbés ou abbesses seraient élus librement par les moines ou moniales, et l'élu serait ensuite confirmé par le pape.

Contre ceux qui contreviendraient aux volontés exprimées dans ce testament, Girart et Berthe demandaient au roi Charles le Chauve de sévir et au pape de lancer des censures ecclésiastiques. Les évêques étaient simplement invités à donner leur appui bienveillant à l'œuvre de dévotion entreprise par les fondateurs.

Le document était suivi des *signa* de Girart, de Berthe, de leur fille *Ava*, puis des souscriptions de vingt-huit hommes de haut rang.

L'acceptation de Rome

LETTRE DU PAPE NICOLAS Ier
(IXe siècle)

Voici la réponse du pape touchant Vézelay :

Suivant votre demande, en faveur de ce monastère que vous avez fondé au diocèse d'Autun, nous, par le présent décret de notre autorité apostolique, nous concédons, confirmons et établissons des privilèges, tels qu'il ne soit permis à personne, roi, évêque, dignitaire d'aucune sorte et tous autres, de ne rien enlever, soustraire, appliquer à son usage personnel ou à l'usage d'autrui, même sous prétexte de cause pie pour excuser son avidité, des biens donnés audit monastère par vous ou d'autres. Au contraire, de tous ces biens, nous voulons et prescrivons par notre autorité apostolique qu'ils soient possédés en tout repos et sécurité, restant affectés aux usages pour lesquels ils ont été concédés, avec cette condition qu'aucun de nos successeurs dans ce saint siège ne laisse accorder en bénéfice, échanger, concéder à cens quoi que ce soit desdites choses. Mais que nos successeurs, recevant seulement le cens fixé dans votre acte de transfert, par lequel vous avez fait cette sainte mère Église propriétaire dudit monastère, c'est à savoir, une livre d'argent chaque année, s'efforcent de donner la protection de leur pieuse paternité audit monastère contre tous ceux qui l'inquiéteraient[1].

1. *Texte cité dans* l'Histoire de l'Église, *de A. Fliche et V. Martin, tome VII* (L'Église au pouvoir des laïques, *par E. Amann et A. Dumas, 1940).*

Saint-Pierre et Saint-Paul, portail central du narthex.

Les luttes pour la liberté

HUGUES DE POITIERS
(XIIe siècle)

Hugues de Poitiers, chroniqueur français du XIIe siècle, était moine de l'abbaye de Vézelay, dont il a écrit l'histoire. Sa chronique latine qui va de 1140 à 1167, a été publiée par Dom Luc d'Achery, dans son Spicilegium *(1655-1677) et traduite en français par Guizot (*Collection des mémoires relatifs à l'histoire de France, *tome IX).*

Nous avons entrepris de raconter brièvement, pour l'utilité d'un grand nombre d'hommes, les tribulations multipliées que notre Église a souffertes pendant une longue série de temps, pour garder la liberté dans laquelle elle était née. En recherchant surtout la brièveté dans notre écrit, nous échapperons entièrement à toute apparence de prétention orgueilleuse; car si nous nous attachions au détail de toutes choses, autant que le demande notre sujet, nous tomberions sans aucun doute dans cet énorme danger de paraître en quelque sorte moins digne de foi; et ce qui servirait au complet développement de la vérité historique, un lecteur incrédule ne manquerait pas de l'attribuer à une jactance trop verbeuse. Ainsi donc, regardant sans cesse à ces deux écueils, nous nous avancerons dans le sentier du milieu, afin de donner une connaissance entière des faits et d'éviter en même temps toute apparence de fausseté. Et quoique nous n'en soyons point à ignorer que nous sommes moins propre et plus insuffisant que tout autre pour une telle entreprise, nous y sommes poussé cependant par notre amour pour l'Église; nous y sommes excité, et bien plus, pour ainsi dire, contraint par notre soumission à notre très-révérend père, Pons, notre vénérable abbé, lequel, s'il se présente le dernier dans l'ordre des temps par rapport à ses prédécesseurs, est cependant, et à juste titre, le premier, parmi les plus anciens que lui, pour la défense de la liberté de son église. Ceux-là sans doute lui ont rendu beaucoup de services, soit en acquérant, soit en édifiant ; mais lui, il a travaillé pour elle plus qu'eux tous, puisqu'il l'a vigoureusement maintenue sauve, entière et intacte, en la défendant contre ceux qui la volaient, et faisaient leurs efforts pour la dépouiller. Car c'est un moindre effort d'acquérir des biens à garder, que de garder ceux que l'on possède. Mais qu'il suffise de ceci, et entrons maintenant en matière.

Ainsi donc l'église de Vézelai, noblement née, et plus noblement élevée, consacrée dès l'origine à la liberté, portait sa tête au-dessus de toutes les églises de l'Occident. En effet, vouée dès le principe de sa fondation au bienheureux Pierre, porte-clefs du royaume des cieux, elle fut noblement et exclusivement confiée, par ses très-nobles auteurs, à son siège apostolique, et dotée à perpétuité de la liberté par le suprême et apostolique pontife Nicolas, qui vivait à cette époque. Jusqu'à notre temps, ses successeurs, marchant pieusement sur ses traces, et renforçant les privilèges de cette église, en vertu de leur autorité apostolique et de la dignité romaine, et la considérant comme appartenant à leur propre juridiction, et formant un alleu du bienheureux Pierre, la déclarèrent entièrement exempte de toute sujétion envers toute autre personne ou toute autre église. En conséquence, lui accordant dans leur indulgente clémence les privilèges romains et la liberté apostolique, ils lui concédèrent la faculté de recevoir en tout lieu, et de tout évêque catholique d'une province quelconque, les divers offices ecclésiastiques, tels que les Ordres sacrés pour les moines et les clercs, les consécrations des basiliques ou des autels, la grâce du chrême ou des saintes huiles, et tous autres offices du même genre. Signalée donc par tant et de si grandes prérogatives de cette liberté avec laquelle elle était née, l'église de Vézelai excitait l'envie des églises ses compagnes. Aussi, après plusieurs centaines d'années, un certain Humbert, évêque de l'église d'Autun, voulut-il tenter d'imprimer à cette belle liberté la tache d'une honteuse servitude. En ce temps, le vénérable Pons[1], frère utérin de Pierre, abbé de Cluny, et de Jourdan, abbé de la Chaise-Dieu, tenait le gouvernement de l'église de Vézelai. Noble de naissance, et ayant obtenu en partage la plus noble église, en vertu des libertés de cette église, il s'adressa à l'évêque d'Orléans Hélie, et lui demanda humblement de lui conférer les Ordres sacrés. Celui-ci ayant pris connaissance des privilèges consacrés par l'autorité romaine, acquiesça à cette demande de dévotion avec plus de dévotion encore, et promut aux Ordres sacrés quelques moines et quelques clercs dans la basilique de l'église de Vézelai. Indigné de cette action, l'évêque

1. Pons de Montboissier.

d'Autun frappa d'interdit les clercs qui avaient obtenu les Ordres. Innocent [1], de précieuse mémoire, à cette époque pontife apostolique du siège de Rome, réprimant la témérité insensée de l'évêque d'Autun, rétablit dans les Ordres les clercs que celui-ci avait suspendus, et défendit à l'évêque de porter désormais atteinte aux droits de l'Église romaine. Alors l'évêque d'Autun, sentant les effets de l'indignation apostolique, se repentit de son entreprise, mais en même temps il eut honte de renoncer à ses projets. Il ne cessa donc de tracasser l'abbé que lorsque enfin, frustré dans tous ses efforts, il renonça au procès qu'il avait intenté entre les mains de l'abbé de Cluny et d'autres personnes honorables, et ainsi l'état antérieur de paix fut rétabli entre les deux églises, par les soins du vénérable abbé Pons, ci-dessus nommé.

Comme Humbert était très-illustre de naissance et très-recommandable par la gravité de ses mœurs et par sa piété, l'église de Lyon, ayant perdu son chef, le demanda pour son archevêque ; et lorsqu'il eut été nommé, l'évêché d'Autun passa à Henri, frère germain du duc de Bourgogne. Aussitôt les artisans des anciennes discordes s'adressent à lui ; et s'appliquant à faire revivre les mensonges déjà oubliés au sujet des libertés de l'église de Vézelai, ils les soufflent dans des oreilles qui les recueillent avec avidité. Se confiant dans la puissance de sa famille et des richesses dont il disposait, et voulant, comme un homme doué d'un pouvoir tout particulier, tenter quelque chose de nouveau, l'évêque chercha à faire entrer l'église de Vézelai dans sa juridiction propre, à la réunir à son diocèse, à en faire une de ses paroisses comme ses autres églises, et à la contraindre de reconnaître ses synodes. Mais, grâce à la protection de Dieu et au patronage de la bienheureuse Marie-Madeleine, qui chérit Dieu, il ne put parvenir à enlever la massue des mains d'Hercule ; cependant, autant qu'il fut en lui, il ne négligea aucune tentative pour usurper à son profit ce qui ne devait appartenir qu'à Pierre seul. Car la cupidité aveugle se flatte toujours qu'il lui sera facile d'obtenir ce qu'elle convoite dans ses appétits. Interpellant donc le vénérable abbé Pons, qui avait pris en main la cause de son église, d'abord au sujet de la reconnaissance du synode, ensuite sur le droit d'examen des clercs ou des prêtres, enfin sur l'administration des sacrements ecclésiastiques, il lui demanda de reconnaître sa juridiction. Mais l'abbé lui répondit qu'il était le tuteur et non l'agent de son église ; que bien plus, en ce qui touchait aux droits de l'église de Vézelai, il était le vicaire de sa Paternité apostolique, et qu'il ne pouvait avoir à ce sujet aucun démêlé avec l'évêque à l'insu du seigneur pape. Ainsi repoussé, l'évêque voulut extorquer de vive force ce qu'il n'avait pu surprendre par une poursuite judiciaire. Il commença donc à tourmenter le monastère, à opprimer ses hommes,

1. Innocent II, pape, de 1138 à 1143.

à lui enlever même ses possessions, et à entreprendre enfin tout ce qu'il lui fut possible de tenter contre notre église et à son détriment. Or, jugeant que tout son pouvoir serait insuffisant pour accomplir toutes les tentatives qu'il préméditait, il inspira à son frère le duc, et aussi à ses autres frères, sa haine contre le monastère, et il chercha à se servir d'eux, comme de la puissance de toute la Bourgogne, pour en assurer la ruine et le renversement. Mais l'abbé, armé de constance, dédaigna, renversa, fit échouer à force de patience toutes ses attaques, et les réduisit au néant, comme vaines et futiles.

Tympan du narthex, porte sud : la nativité, annonce aux bergers.

Saint Bernard à Vézelay
La Deuxième Croisade

ODON DE DEUIL, ABBÉ DE SAINT-DENIS
(XIIe siècle)

Odon ou Eudes de Deuil, chroniqueur français, né à Deuil, près de Montmorency, mort en 1162, chapelain de Louis VII, a rédigé en latin une relation de la Deuxième Croisade : De Ludovici VII... profectione in Orientem, 1148. *Traduite dans la collection Guizot, tome XXIV.*

L'an du Verbe incarné 1146, le glorieux roi des Français et duc des Aquitains, Louis, fils du roi Louis, étant âgé de vingt-cinq ans et, afin de se rendre digne du Christ, portant sa croix à Vézelai le jour de Pâques[1], entreprit de marcher à la suite du Seigneur. Le jour de la Nativité qui avait précédé, comme ce roi très-pieux tenait sa cour à Bourges, ayant à dessein appelé plus généralement que de coutume auprès de sa couronne tous les évêques et les grands du royaume, il leur révéla d'abord les secrets de son cœur. Alors l'évêque de Langres, homme plein de religion, parla, d'une manière convenable à sa dignité, de la destruction de la ville de Roha, plus anciennement nommée Edesse, de l'oppression endurée par les Chrétiens, et de l'insolence des Païens ; et il fit verser beaucoup de larmes en traitant un sujet si déplorable ; puis il invita tous les assistants à s'unir à leur roi pour porter secours aux Chrétiens, et combattre pour le roi de tous les hommes. Dans le roi brillaient avec éclat le zèle de la foi et le mépris des voluptés et de la gloire temporelle, exemple plus efficace que tous les discours. Toutefois ce que semaient, en ce moment, l'évêque par ses paroles, le roi par son exemple, ils ne le moissonnèrent pas tout de suite. Un autre jour fut fixé pour

1. 31 mars.

que tous se réunissent à Vézelai pour les fêtes de Pâques, au moment de la Passion du Seigneur, et pour qu'au jour de la résurrection, tous ceux qui seraient touchés de l'inspiration céleste concourussent à exalter la gloire de la croix.

Le roi cependant, plein de sollicitude pour son entreprise, envoya des députés à Rome au pape Eugène pour l'informer de ces choses. Les députés furent reçus joyeusement, renvoyés tout joyeux, et rapportèrent des lettres plus douces que le miel, lesquelles commandaient d'obéir au roi, réglaient le modèle des armes et la forme des vêtements, promettaient à ceux qui porteraient le joug léger du Christ rémission de leurs péchés, et protection pour leurs petits enfants et pour leurs femmes, et contenaient encore quelques autres dispositions que le Souverain pontife avait jugées utiles dans sa sainte et sage sollicitude. Lui-même désirait mettre le premier la main à cette œuvre sainte ; mais il ne le put, empêché qu'il fut par la tyrannie des Romains, et il délégua ces soins au saint abbé de Clairvaux, Bernard.

Enfin arriva le jour tant désiré par le roi. L'abbé, fortifié de l'autorité apostolique et de sa propre sainteté, et l'immense multitude de ceux qui étaient convoqués, se réunirent au même lieu et au même temps. Le roi reçut donc la décoration de la croix, qui lui était envoyée par le Souverain pontife, et beaucoup de grands la reçurent avec lui. Et comme il n'y avait pas assez de place dans le château pour contenir une si grande multitude, on construisit en dehors et dans la plaine une machine en bois, afin que l'abbé pût parler de haut à toute l'assemblée. Celui-ci monta donc sur cette machine, avec le roi paré de sa croix ; et lorsque cet orateur du Ciel eut, selon son usage, répandu la rosée de la parole divine, de toutes parts, tous firent entendre leurs acclamations, demandant *des croix, des croix* ! Et après que l'abbé eut semé, plus encore que distribué, un faisceau de croix qu'il avait fait préparer à l'avance, il fut forcé de couper ses propres vêtements pour en faire d'autres croix, qu'il répandit de même. Il travailla donc à cette œuvre tant qu'il demeura au même lieu. Je ne parlerai pas des miracles qui arrivèrent alors, et en ce même endroit, et par lesquels il fut reconnu que ces choses étaient agréables au Seigneur ; de peur, si je n'en disais qu'un petit nombre, qu'on ne crût qu'il y en eut beaucoup plus, ou si j'en disais beaucoup, qu'on ne trouvât que je m'éloigne trop de mon sujet. Enfin, après que l'on eut publié qu'on partirait au bout d'une année, tous s'en retournèrent joyeusement chez eux. Alors l'abbé, portant un esprit intrépide caché sous un corps délicat et comme à demi mort, vola en tous lieux pour prêcher, et en peu de temps les croisés se multiplièrent en un nombre incalculable.

Le texte de l'homélie de l'abbé de Clairvaux n'a pas été conservé. On sait toutefois qu'il lut d'abord à l'assemblée la bulle d'Eugène III qui expose les motifs de la croisade :

Tête de diable, chapiteau de la nef.

Les principautés d'Orient et toute la chrétienté sont en péril. C'est l'honneur des premiers croisés, en particulier des croisés français, d'avoir arraché Jérusalem, Antioche et tant d'autres cités à la tyrannie des musulmans, d'avoir porté et propagé le nom chrétien sur les rivages asiatiques. Si les conquêtes de vos pères doivent être affermies par la valeur des fils, j'espère que vous prouverez que l'héroïsme des Francs n'a pas dégénéré.

Nous vous avertissons, nous vous prions, nous vous recommandons de prendre la croix et les armes. Nous vous ordonnons pour la rémission de vos péchés, vous les hommes de Dieu, de vous revêtir de force et de courage, afin d'arrêter les invasions des infidèles, de défendre l'Église d'Orient délivrée par vos ancêtres, d'arracher des mains des musulmans les milliers de prisonniers chrétiens qu'ils tiennent dans les fers. Ainsi la sainteté du nom chrétien s'accroîtra dans la génération présente, et votre valeur, dont la réputation est répandue dans tout l'univers, se conservera sans tache et recevra un nouvel éclat.

Dès le 1er mai, saint Bernard rendait compte au Souverain pontife, avec une légitime fierté, du grand succès de sa mission :

Vous avez ordonné, j'ai obéi ; c'est l'autorité de celui qui commandait qui a fait fructifier mon obéissance. J'ai ouvert la bouche, j'ai parlé, et aussitôt les croisés se sont multipliés à l'infini. Les villages et les bourgs sont déserts. Vous trouveriez difficilement un homme contre sept femmes. On ne voit partout que des veuves dont les maris sont encore vivants.

La commune de Vézelay au XIIᵉ siècle

AUGUSTIN THIERRY

L'historien Augustin Thierry (1795-1856), promoteur en France des travaux historiques fondés sur l'étude des textes originaux, a décrit les conflits qui troublèrent Vézelay au moyen âge dans les pages suivantes extraites des Lettres sur l'histoire de France, *publiées en 1827 (Lettres XXII, XXIII et XXIV).*

A huit lieues au sud d'Auxerre, et à vingt-trois au nord-est de Nevers, se trouve la ville de Vézelay qui, au moyen âge, n'avait que le titre de bourg, mais était beaucoup plus grande et plus peuplée qu'aujourd'hui. La cause de sa prospérité était une église renfermant des reliques de sainte Marie-Madeleine, et attirant un immense concours de visiteurs et de pèlerins. Cette église dépendait d'une abbaye de l'ordre de saint Benoît fondée, au IXᵉ siècle, par le comte Gherhard, célèbre dans les romans de chevalerie sous le nom de Gérard de Roussillon. En transportant à l'abbaye de Vézelay tous ses droits de propriété et de seigneurie sur le bourg et sur ses habitants, le comte Gherhard avait voulu qu'elle en jouît en toute liberté, c'est-à-dire qu'elle fût à jamais exempte de toute juridiction temporelle ou ecclésiastique, hormis celle de l'église de Rome. Il obtint, à cet égard, un diplôme de l'empereur Karl le Chauve, affranchissant l'église de Vézelay et ses hommes, tant libres que serfs, de l'autorité de tout juge, gouverneur et officier public. En outre, le pape régnant prononça l'anathème contre tout laïque ou prêtre qui oserait enfreindre les privilèges d'une Église fille de celle de Rome, et faisant partie des domaines du siège apostolique.

Malgré le diplôme impérial et malgré l'excommunication renouvelée par une suite nombreuse de Souverains pontifes, les héritiers des droits du comte Gherhard, dans l'Auxerrois et le Nivernais, essayèrent, à plusieurs reprises, de faire rentrer le bourg de Vézelay sous leur autorité seigneuriale. Les richesses des habitants et la célébrité du lieu excitaient leur ambition et la rendaient plus active. Ils ne pouvaient voir sans envie les grands profits que l'abbé de Vézelay tirait de l'affluence des étrangers de tout rang et de tout état, ainsi que des foires qui se tenaient dans le bourg, notamment à Pâques et à la fête de sainte Marie-Madeleine. Ces foires, où se rendaient en foule des marchands de toutes les provinces de France et même des pays lointains, donnaient à un bourg de quelques milliers d'âmes une importance presque égale à celle des grandes villes du temps. Quoique serfs de l'abbaye de Sainte-Madeleine, les habitants de Vézelay, à mesure qu'ils s'enrichissaient par l'industrie et le commerce, avaient vu s'améliorer graduellement leur condition civile ; ils étaient devenus à la fin propriétaires d'immeubles qu'ils pouvaient léguer, et, pour eux, le servage se trouvait réduit à des redevances plus ou moins arbitraires, à des taxes gênantes pour l'industrie, et à l'obligation de porter leur pain, leur blé et leur vendange aux fours, moulins et pressoirs publics, tenus ou affermés par l'abbaye. Une longue querelle souvent apaisée par l'intervention des papes, mais renaissant toujours, s'éleva ainsi entre les comtes de Nevers et les abbés de Vézelay. Cette querelle devint extrêmement vive dans le cours du XIIe siècle. Le comte Guillaume II, plusieurs fois sommé par l'autorité pontificale de renoncer à ses prétentions, les fit valoir avec plus d'acharnement que jamais, et son fils, du même nom que lui, hérita, en lui succédant, de son hostilité contre l'abbaye.

La dignité d'abbé et de seigneur de Vézelay appartenait alors à Pons de Montboissier, originaire de l'Auvergne, homme d'un caractère décidé mais aussi calme que celui du jeune comte de Nevers était fougueux et violent...

Il y avait à Vézelay un étranger appelé Hugues de Saint-Pierre, habile mécanicien, qui était venu pauvre s'établir dans la ville et y avait amassé de grands biens par la pratique de son art. Cet homme, d'un esprit vif et adroit, se trouvait en relation d'affaires avec les barons de la contrée et même avec le comte de Nevers qui se plaisait à son entretien et recevait de lui en présent des produits curieux de son industrie. Devenu riche dans un lieu de servitude, Hugues de Saint-Pierre supportait impatiemment le contraste de sa fortune acquise, avec l'état social qu'il lui fallait partager, et il désirait une condition plus libre pour lui-même et pour ses concitoyens. Cette pensée généreuse n'était pas exempte d'ambition personnelle, et il semble que, dans ses rêves politiques, l'artisan de Vézelay se voyait d'avance élevé au premier poste d'un gouvernement municipal.

En même temps il tâchait d'inspirer à ses concitoyens la passion de la liberté et la haine du pouvoir temporel de l'abbaye. Il réunissait les plus ardents et les plus courageux dans des assemblées secrètes; là, sans doute, on rappelait avec orgueil les exemples déjà donnés par Vézelay de résistance à l'oppression, deux émeutes, dans l'une desquelles, vers l'année 1105, un abbé avait péri, et dont l'autre amena, en 1137, une transaction entre l'abbaye et les bourgeois. On s'élevait contre l'insuffisance de cet acte qui, en faisant au bourg de larges concessions sur la main-morte, avait refusé le droit d'élire annuellement quatre répartiteurs des tailles demande née d'un premier désir de garanties contre l'arbitraire et d'organisation municipale. Ces assemblées, tenues mystérieusement, causèrent une grande fermentation dans les esprits; la soumission traditionnelle au pouvoir de l'abbé et des religieux de Sainte-Madeleine fut ébranlée de nouveau, et des actes de rébellion eurent lieu contre leur autorité seigneuriale.

L'obstination de l'abbé devint le motif d'un soulèvement populaire, où l'on vit, comme dans des révolutions récentes, figurer la plupart des jeunes gens. Alors, dans une assemblée plus tumultueuse que la précédente, fut brisé tout lien de sujétion à l'égard de l'abbaye, et fut conclu, entre les bourgeois de Vézelay et le comte de Nevers, le pacte qui devait, en même temps, garantir au comte la seigneurie de la ville et donner à celle-ci, pour la première fois, l'existence municipale. De ce pacte résulta l'établissement d'une commune, créée par le serment réciproque des bourgeois et de leur nouveau seigneur. On ignore quelle loi fut promulguée pour le nouveau corps politique et comment furent organisés les différents pouvoirs municipaux. Tout ce que nous apprend le seul historien de cette curieuse révolution, c'est que les bourgeois donnèrent le nom de *consuls* à leurs chefs et à leurs juges, magistrats sans aucun doute élus par eux, bien qu'en définitive confirmés ou, selon l'expression du chroniqueur, constitués par le comte. L'anomalie que forme ici la présence de ce titre de magistrature particulier aux municipalités libres du Midi, et inconnu dans celles du nord et du centre de la France, s'explique, pour Vézelay, par les relations multipliées de cette petite ville à grand commerce avec des négociants de la Provence et du Languedoc.

Le comte de Nevers jura aux membres de la commune de leur donner aide et conseil contre qui que ce fût, de ne point faire sans eux de paix avec l'abbé Pons, et de ne jamais leur manquer dans aucune affaire. Ainsi élevés de la triste condition de serfs domaniaux d'une abbaye, au rang de citoyens et d'alliés d'un des plus puissants seigneurs du temps, les bourgeois de Vézelay voulurent s'environner de signes propres à manifester ce changement d'état, et ils prirent encore exemple des grandes municipalités nouvellement reconstituées du Midi. Ils élevèrent autour de leurs maisons des murailles crénelées comme marque de liberté personnelle et d'indépendance communale.

La luxure et le désespoir, chapiteau de la nef.

*
* *

Il y avait alors à Vézelay deux légats du Saint-Siège, venus pour pacifier la querelle entre le comte de Nevers et l'abbaye [1] ; c'est à eux que les chefs de la commune, s'appuyant de l'autorité dont ils venaient d'être investis, s'adressèrent d'abord en sollicitant leur entremise. Mais admis auprès des cardinaux, les consuls de Vézelay ne reçurent d'eux qu'une réponse adroitement évasive. Alors, n'espérant plus d'intermédiaire, ils se présentèrent devant l'abbé et lui firent directement leurs demandes au nom de la justice et de la paix. Ils le trouvèrent calme d'esprit, modéré de langage, mais inébranlable dans son refus de rien accorder tant que subsisterait la commune.

Il y eut des destructions de meubles et d'immeubles, des dévastations, des pillages, tous les genres d'excès qui accompagnent les révolutions grandes ou petites. Enfin l'esprit de vengeance contre le pouvoir qu'on venait de briser devenant chez quelques-uns de la fureur, un complot se forma dans la ville pour tuer l'abbé s'il sortait du couvent.

Pendant que ces choses se passaient, un commencement de négociation avait lieu entre les cardinaux et le comte de Nevers, et des conférences pour l'examen de la querelle étaient fixées à Chablis. Quand le jour de s'y rendre fut arrivé, les deux légats quittèrent Vézelay avec de grandes appréhensions, emmenant l'abbé, qu'ils firent placer entre eux pour lui servir de sauvegarde. Les conférences de Chablis n'eurent aucun succès ; le comte ne voulut rien céder de ses prétentions et repoussa toute espèce d'arrangement malgré les menaces d'excommunication que lui faisaient les cardinaux. L'abbé Pons, après cette tentative inutile, ne reprit point le chemin de Vézelay ; il se dirigea vers le monastère de Cluny, où il reçut l'hospitalité. Dans cette retraite, il se mit à travailler activement contre la commune qui avait répudié son pouvoir et qui usurpait ses domaines ; il écrivit au roi, aux archevêques et aux principaux évêques de France pour solliciter leur appui. Il invita le pape à écrire lui-même au roi Louis le Jeune et détermina, par ses instances, le légat pontifical des Gaules à prononcer l'excommunication contre les bourgeois de Vézelay...

Quelle que fût la véhémence de leurs passions politiques, les habitants de Vézelay n'en étaient pas moins accessibles aux craintes et aux scrupules religieux. Profondément affectés de se voir sous le poids de la plus grave des censures ecclésiastiques, et d'être privés, sans recours prochain, des sacrements et des grâces de l'Église, ils envoyèrent au comte de Nevers pour se plaindre, et lui demander s'il ne pourrait pas

1. Jean, cardinal légat en Angleterre, et Jordan, cardinal légat en Gaule.

les faire relever de l'arrêt d'excommunication. Mais le comte, qui commençait à être lui-même inquiété par les menaces et les messages des cardinaux, répondit avec brusquerie : « Je n'y puis absolument rien et, s'il leur plaît, ils en feront tout autant contre moi. » Les députés de la ville, interdits à cette réponse, gardèrent un moment le silence, puis reprenant la parole : « Où donc moudrons-nous notre blé », dirent-ils, « où donc ferons-nous cuire notre pain, si les meuniers et les fourniers de l'abbaye ne veulent plus communiquer avec des excommuniés ? — Eh bien », reprit le comte, « allez au four banal, chauffez-le avec votre bois, et si quelqu'un veut s'y opposer, jetez-le tout vivant dans le four ; quant au meunier, s'il fait résistance, écrasez-le vif sous sa meule. »

En effet, les membres de la nouvelle commune, tout affranchis qu'ils étaient par leur constitution municipale, se trouvaient encore sous la dépendance du manoir abbatial, à cause de leur longue habitude de n'avoir ni moulins, ni fours, ni pressoirs particuliers. Ces différentes industries avaient été jusque-là exercées au profit de l'abbaye par ses serviteurs, clercs ou laïques, et, comme il fallait du temps pour qu'un changement total se fît à cet égard, les bourgeois furent obligés d'entrer en querelles journalières avec les moines et leurs gens. Dans ces disputes et dans d'autres conflits amenés par la seule haine, les serviteurs étaient tués ou chassés de leurs maisons et les moines accablés d'injures et de coups. Le prieur, ne voyant plus pour les siens d'autre recours que dans la générosité du comte de Nevers, le supplia de s'interposer entre la commune et l'abbaye, et de faire que les bourgeois, devenus libres, consentissent à user de modération. Mais le comte, avec une dureté de paroles qui ne laissait pas la moindre espérance, répondit : « Ils ont bien fait ; pourquoi votre abbé les a-t-il excommuniés ? » Et il ajouta : « Je voudrais que vous fussiez tous partis et que votre couvent fût renversé de fond en comble... »

Ces nouvelles faisaient grand bruit, et l'on en parlait dans différents sens. Chacun, selon son état ou ses affections personnels, prenait parti soit pour l'abbé Pons, soit pour le comte de Nevers et la commune de Vézelay. Le comte avait pour amis et pour soutiens de sa cause plusieurs évêques qui n'aimaient pas les établissements religieux affranchis de la juridiction ordinaire et soumis immédiatement au Saint-Siège ; il était même favorisé en secret par l'abbé de Cluny, jaloux, à ce qu'il paraît, pour son couvent, de la célébrité de celui de Vézelay. Cette circonstance détermina l'abbé Pons à quitter Cluny pour se rendre à la cour du roi Louis VII, qui alors résidait à Corbeil. L'abbé se présenta devant le roi et fit sa plainte des vexations toujours croissantes que la commune de Vézelay exerçait contre son église. Déjà sollicité par les légats pontificaux à prendre parti dans cette affaire, le roi envoya l'évêque de Langres au comte de Nevers le sommer par sa foi comme vassal de conclure la paix avec l'église de Vézelay, d'abandonner les bourgeois et de dissoudre leur commune. Le comte ne fit à cette sommation que des réponses évasives. Il ne changea rien à sa conduite, comptant sur son crédit auprès des conseillers du roi, et peut-être eût-il réussi à traîner les choses en longueur et à sauver la commune, sans l'arrivée d'une lettre pontificale adressée au roi par le pape Adrien IV...

Les conseillers du roi Louis VII, peu empressés jusque-là de terminer une affaire qui devait leur attirer beaucoup d'argent de chacune des parties adverses, jugèrent qu'il fallait céder à l'injonction du chef de l'Église. On rassembla donc une armée à la tête de laquelle se mit le roi en personne, accompagné de l'archevêque de Reims et de plusieurs autres prélats. Les troupes sortirent de Paris en l'année 1155, et se dirigèrent sur le comté de Nevers par la route de Fontainebleau. Le comte, qui ne se croyait point assez fort pour soutenir la guerre contre le roi, envoya en grande hâte l'évêque d'Auxerre dire qu'il était prêt à exécuter tout ce que son seigneur déciderait au sujet de la commune de Vézelay, après les avoir entendus, lui et les principaux de cette commune. Le roi reçut ce message dans le bourg de Moret, à deux lieues de Fontainebleau, et il s'y arrêta pour attendre le comte de Nevers, qui ne tarda pas à venir. Plusieurs bourgeois de Vézelay chargés de représenter leurs concitoyens se rendirent aussi au même lieu...

La cour rendit son arrêt dans les termes suivants : « Tout homme du bourg de Vézelay, qui, au départ de son seigneur l'abbé Pons de Montboissier, n'est point sorti avec lui, ou ne s'est point réuni aux frères assiégés dans le monastère, et ne leur a point prêté secours selon son pouvoir, est déclaré convaincu de trahison, de félonie, de parjure, de sacrilège et d'homicide. »

Après cette sentence criminelle vint le jugement des intérêts civils qui déclarait tous les condamnés solidaires pour la réparation des dommages éprouvés par l'abbé et par son église. Interrogé sur la somme de ses réclamations pécuniaires, l'abbé dit qu'elle s'élevait à 160 000 sous, non compris le dégât causé dans les forêts et sauf les amendes pour la trahison, le sang versé par les séditieux et la violation des lieux saints. La preuve par témoin de cette estimation fut remise à l'un des jours suivants ; mais les députés des bourgeois de Vézelay n'attendirent pas ce jour. Frappés de consternation, et se regardant comme livrés à la vengeance de leur ancien maître, ils partirent à l'insu du roi et allèrent jeter l'alarme parmi leurs concitoyens. Cette fuite, par laquelle ils se dérobaient à la justice, fit rendre une nouvelle sentence contre eux. La cour décida qu'ils seraient ramenés de force devant elle, et que l'arrêt serait exécuté par le comte de Nevers.

*

* *

Cette proclamation causa parmi les habitants de Vézelay une sorte de terreur panique. Le vertige les prit quand ils virent devant eux, comme exécuteur de la sentence rendue contre leur commune, le pouvoir même sur l'appui duquel son établissement reposait. Tout ce qu'il y avait d'hommes dans la ville se mirent en devoir de sortir, abandonnant leurs marchandises et leurs propriétés; de sorte que le lendemain il ne restait plus à Vézelay que des femmes et des enfants. Le comte de Nevers avait donné l'ordre de recevoir les émigrés dans ses châteaux, pourvu qu'ils ne vinssent pas au lieu de sa résidence. Ils se réfugièrent ainsi dans plusieurs forteresses voisines; mais comme leurs bandes étaient trop nombreuses pour qu'ils y fussent tous admis, la plupart s'établirent en campement, sous des huttes construites par eux, dans les forêts des environs...

Les moines de Sainte-Madeleine, voyant qu'ils étaient maîtres du bourg par la fuite de tous les hommes valides, prirent avec eux quelques jeunes gens, fils des serfs qui habitaient les domaines ruraux de l'abbaye, et se répandirent en armes dans les rues, proclamant, avec grand bruit, le rétablissement du pouvoir légitime. Ils allaient de maison en maison à la recherche des usines et des boutiques établies sous le régime de la liberté communale. Arrivés au logis de Simon, ils brisèrent son comptoir de changeur, que l'abbé Pons lui avait concédé autrefois malgré l'avis de tous les frères; et s'animant de plus en plus à cette puérile vengeance, ils démolirent l'appentis sous lequel se trouvait le comptoir. Ensuite ils entrèrent dans les maisons de deux autres bourgeois, Hugues de Saint-Pierre et Hugues Gratte-Pain, et y détruisirent des pressoirs nouvellement construits dans les caves au détriment du pressoir banal, qui était l'un des droits du monastère...

L'abbé Pons s'empressa de faire acte de seigneurie absolue, en exerçant le pouvoir judiciaire indépendamment de la juridiction du comte de Nevers et sur les ruines de la juridiction municipale. Non seulement il fit juger par sa cour les bourgeois pris et ramenés dans la ville, mais des poursuites criminelles commencèrent contre les plus considérables et les plus compromis des absents. Hugues de Saint-Pierre, l'homme le plus riche de Vézelay, et le principal instigateur de la révolte, fut le premier à l'égard duquel procéda la cour abbatiale. Après les sommations nécessaires pour qu'il fût déclaré contumace, à défaut de sa personne, on sévit contre ses biens. Sa maison construite avec un grand luxe, ses bâtiments de toute sorte, des moulins qu'il venait d'établir, furent pillés et renversés de fond en comble; on détruisit jusqu'aux ouvra-

Les gémeaux, chapiteau de la nef.

ges de maçonnerie faits pour amasser et conduire les eaux, et le fonds ainsi dévasté fut mis en vente à l'enchère. Dix autres bourgeois, que le chroniqueur nomme, eurent pareillement leurs maisons démolies et tous leurs biens mis au pillage.

Cependant le comte de Nevers ne voyait pas sans chagrin la malheureuse issue de la révolution que lui-même avait provoquée. Désirant secourir les bourgeois de Vézelay et ne le pouvant plus, il se tenait éloigné d'eux par embarras ou par prudence, et quand on venait lui dire en leur nom qu'ils voulaient se rendre et se mettre à la merci de l'abbé, il les engageait à ne pas le faire et leur promettait, un peu témérairement, qu'une paix serait faite selon leurs vœux. Mais cette paix qui devait être un accord n'était possible, après le jugement criminel, qu'en vertu d'une amnistie de l'autorité royale, et le comte, qui avait promis au roi de ramener les condamnés devant sa cour, ne pouvait, sans devenir accusable, se présenter seul et intercéder pour eux. Pour sortir de cette difficulté, il imagina un expédient : il feignit d'avoir un vœu à acquitter au tombeau de saint Denis, dont la fête était proche, et partit en habit de pèlerin avec le bourdon et l'escarcelle. Arrivé à Paris, il quitta ce vêtement et se rendit à l'hôtel du roi qui, sur la foi de son pèlerinage, ne prit point sa venue en mauvaise part et l'accueillit amicalement. Le comte saisit l'occasion d'un entretien seul à seul pour peindre l'état de détresse où se trouvaient les émigrés de Vézelay, et, se jetant aux genoux du roi, il le supplia d'avoir pitié d'eux et pitié du monastère lui-même qui serait ruiné si la ville demeurait sans habitants. Il joignit à cette prière le serment d'amener sans délai plusieurs bourgeois chargés par tous les autres de faire à l'abbé telle satisfaction qu'ordonnerait la clémence royale, et de conclure avec lui une paix perpétuelle. Louis VII fut touché de ses instances, et il désigna la ville d'Auxerre comme rendez-vous pour une conférence d'arbitrage où les parties adverses auraient à se réunir, et où lui-même assisterait; puis, il informa l'abbé Pons de la requête et des promesses du comte en lui demandant de ne plus faire abattre de maisons à Vézelay jusqu'au jour fixé pour l'accord.

Le 4 novembre de l'année 1155, se trouvèrent assemblés à Auxerre le roi Louis le Jeune avec ses barons, l'abbé Pons avec ses amis, le comte de Nevers et des bourgeois de Vézelay au nombre de plus de quarante. Le roi, siégeant comme arbitre et s'adressant à ces derniers, leur demanda ce qu'ils avaient résolu de faire. Fatigués de tant de traverses et désirant une paix quelconque afin de retourner dans leurs foyers, les bourgeois répondirent qu'ils se remettaient de leurs personnes et de leurs biens en la merci du roi, leur souverain seigneur, et feraient toutes choses selon son bon plaisir. Sur cette seule réponse, le roi dicta sa sentence arbitrale qui fut rédigée de la manière suivante : « Les habitants du bourg de Vézelay abjureront sans réserve la conspiration et confédération qu'ils ont faite entre eux sous quelque forme que ce soit. Ils se saisiront, s'ils le peuvent, de ceux qui ont tué des serviteurs de l'Église, et s'ils ne le peuvent pas, ils les dénonceront en indiquant où ils se trouvent. Ils jureront sur les choses saintes d'être fidèles à l'abbé et à son église, de lui conserver saufs sa vie et ses membres et de les conserver aux siens. Ils payeront la somme de 40 000 sous [1] pour les dommages qu'ils ont faits, et détruiront dans un délai fixé à la fête de saint André (30 novembre) les murailles de défense dont ils ont fortifié leurs maisons. Enfin ils jureront d'exécuter toutes ces choses entièrement et de bonne foi. »

Ainsi l'action criminelle était désormais éteinte pour tous les cas, hors celui de meurtre ; il n'y avait plus de responsabilité collective, et les dommages-intérêts se trouvaient réduits au quart de la somme réclamée précédemment par l'abbé.

Telle fut la fin de cette insurrection, qui ne fut pas la dernière à Vézelay, mais la seule dont les événements aient rencontré un historien ; deux tentatives du même genre qui vinrent ensuite, l'une à treize ans, l'autre à quatre-vingt-quinze ans d'intervalle, ne nous sont connues que par leurs dates, 1168 et 1250. Ces efforts réitérés sous l'influence du grand mouvement de la révolution communale ne réussirent point à faire passer la ville sujette des abbés de Sainte-Madeleine de l'état de bourg en servage à celui de municipalité libre. Pour cette petite ville, riche et commerçante, il n'y eut d'autre garantie des droits civils, d'autre charte proprement dite, que la transaction de 1137 entre les bourgeois et l'abbaye. Devenue, à cause de son importance relative, un centre d'administration provincial, elle vit siéger dans ses murs quelques officiers royaux en regard des officiers seigneuriaux ; elle n'eut jamais ni magistrature qui lui fût propre, ni droit de juridiction sur elle-même. Vézelay garda jusqu'en 1789 le titre de *pôté*, signe d'une servitude, maintenue en principe au milieu du progrès moderne [2] ; mais trois années seulement de liberté municipale, années remplies de vicissitudes et de passions extrêmes, de violence et d'enthousiasme, d'espérance et de malheur, donnent à son histoire un intérêt qu'on ne trouve point au même degré dans celle de villes plus grandes et plus célèbres.

1. Environ 800000 francs nouveaux.

2. On disait la *pôté de la Madeleine de Vézelay* ; ce mot venu de *potestas* désignait, dans les coutumes féodales, un territoire comprenant plusieurs bourgades habitées par des familles serves.

Thomas Becket à Vézelay

DOM L'HUILLIER

Dom L'Huillier, moine bénédictin de l'Abbaye de Solesmes, a évoqué dans son livre : Saint Thomas de Cantorbéry *(Paris, 1892), le célèbre épisode au cours duquel l'archevêque primat d'Angleterre exposa son différend avec le roi Henri II Plantagenêt dans la basilique de Vézelay. L'historien s'appuie sur la lettre de Jean de Salisbury, évêque d'Exeter, qui rend compte de l'événement.*

Le dimanche de la Pentecôte était arrivé (12 juin 1166). A la prière de l'abbé Guillaume de Merlot, l'Archevêque de Cantorbéry célébra pontificalement la messe dans la noble basilique de Vézelay. Après l'évangile, on le vit monter à l'ambon dans tout l'appareil de sa puissance spirituelle, et adresser à la foule pressée des paroles empreintes de cette force que donne seul l'Esprit-Saint. Bientôt le discours se précise, et l'émotion est grande, aussi bien dans la nef que dans le chœur de l'église, lorsqu'on entend l'Archevêque primat d'Angleterre, légat du Saint-Siège, aborder nettement la question de son différend avec le roi Henri. Rappelant quel en est le sujet, quels indignes traitements lui et les siens ont subis de la part du prince, quels avertissements et quelles démarches il a en vain multipliés depuis dix-huit mois et plus, Thomas Becket recommande aux prières des fidèles sa cause qui est celle de l'Église. Mais il ne s'arrête pas là, et un frisson court parmi l'auditoire en entendant le majestueux pontife lancer solennellement, du haut du jubé, un monitoire à l'adresse du Roi d'Angleterre : sache Henri II Plantagenêt qu'une terrible sentence le menace. La foudre ne le frappera pas encore, mais elle éclate à ses côtés ; le primat de Cantorbéry fulmine l'excommunication contre Jean d'Oxford, détenteur du doyenné de Salisbury malgré la défense du Pape, et négociateur d'un traité coupable avec l'Empereur schismatique : contre Richard d'Ilchester, complice du précédent ; contre Richard de Luci et Jocelin de Bailleul, rédacteurs des statuts de Clarendon ; contre Randolf de Broc, Hugues de Saint-Clair et Thomas Fitzbernard, usurpateurs des biens de l'Église primatiale; contre l'évêque Jocelin de Salisbury, collateur du doyenné de son chapitre en violation d'une défense pontificale et des droits de plusieurs chanoines de son Église; enfin, contre quiconque portera désormais atteinte aux droits de l'Église de Cantorbéry. Cette dernière sentence vise plusieurs prélats, notamment Roger d'York et Gilbert de Londres.

*
* *

Mais l'Archevêque-légat ne s'en tient pas aux questions de personnes. L'excommunication est fulminée contre quiconque à l'avenir prétendrait mettre en pratique une des maximes suivantes :

1° Un évêque ne peut excommunier un feudataire du Roi sans l'autorisation royale.

2° Un évêque ne peut punir ses diocésains pour crime de parjure ni de félonie.

3° Les clercs doivent relever les tribunaux laïques.

4° Les questions de dîmes ou de bénéfices doivent ressortir à ces mêmes tribunaux.

5° Appel ne peut être interjeté au Siège apostolique sans l'autorisation du Roi.

6° Aucun dignitaire de l'Église ne peut, sans cette même autorisation, se rendre à la convocation du Pape.

Maximes fausses et réprouvées, déclare l'Archevêque-légat; et ce ne sont pas d'ailleurs les seuls points sur lesquels les statuts de Clarendon blessent la loi divine et les canons de l'Église. Que les évêques d'Angleterre soient donc déliés de toute promesse faite au sujet desdits articles, le légat se réservant au surplus de leur adresser des instructions.

Après avoir accompli cet acte de vigueur vengeresse, Thomas Becket descend de l'ambon et continue la cérémonie pontificale, mais au milieu de quelle émotion! Sans doute « il a délivré son âme », ainsi qu'il le dit ensuite à Herbert, mais il n'a pu empêcher les larmes d'altérer sa voix. Ses fidèles sont dans la stupeur, car ils n'étaient pas le moins du monde avertis; par délicatesse, leur maître les avait tenus dans l'ignorance de son dessein pour ne pas les rendre, à un degré quelconque, responsables de son initiative et ne pas les exposer à de cruelles représailles. Thomas Becket peut maintenant quitter Vézelay : la célèbre abbaye compte désormais une glorieuse page de plus dans ses annales.

Rencontre de Philippe Auguste et de Richard-Cœur-de-Lion

RIGORD
(XIIIe siècle)

Rigord, chroniqueur français, moine de l'abbaye de Saint-Denis, mort en 1207, écrivit en latin la vie du roi de France Philippe II, que le premier il appela Philippe Auguste. Cet ouvrage, publié par Delaborde, a été traduit dans la collection Guizot, tome XVII.

... L'an du Seigneur 1190, à la fête de saint Jean-Baptiste, le roi Philippe, suivi d'un nombreux cortège, alla prendre congé, à l'église, du bienheureux martyr saint Denis. C'était un ancien usage des rois de France quand ils allaient à la guerre, d'aller prendre une bannière sur l'autel du bienheureux Denis, et de l'emporter avec eux comme une sauvegarde et de la faire placer au front de bataille. Souvent les ennemis effrayés à cette vue, et reconnaissant la bannière, prirent la fuite. Le roi très-chrétien alla donc aux pieds des corps des saints martyrs Denis, Rustique et Eleuthère, se mettre humblement en oraison sur le parvis de marbre, et recommanda son âme à Dieu, à la bienheureuse vierge Marie, aux saints martyrs et à tous les saints. Enfin, après avoir prié, il se leva, fondant en larmes, et reçut dévotement la jarretière et le bourdon des mains de Guillaume, archevêque de Reims, son oncle, légat du Siège apostolique; puis, partant pour combattre les ennemis de la croix de Dieu, il prit de ses propres mains, sur les corps des saints, deux étendards de soie, très beaux, et deux grandes bannières ornées de croix et brochées en or, en mémoire des saints martyrs et de leur protection. Alors il se recommanda aux prières des frères, reçut la bénédiction du clou, de la couronne d'épines, et du bras de saint Siméon. Le mercredi après l'octave de saint Jean-Baptiste, il se rendit avec

Richard, roi d'Angleterre, à Vézelay. Il y prit congé de tous ses barons, remit entre les mains d'Adèle, sa très-chère mère, et de Guillaume archevêque de Reims, son oncle, la garde et la tutelle de tout le royaume de France, et de Louis, son fils bien-aimé. Peu de jours après, il se rendit à Gênes, où il fit préparer avec le plus grand soin les vaisseaux, les armes, et les autres choses nécessaires à son voyage. Quant à Richard, roi d'Angleterre, il s'embarqua avec tous les siens à Marseille, et les deux rois catholiques ayant mis à la voile pour la défense de la sainte chrétienté, et s'abandonnant aux vents et à la mer pour l'amour de notre Seigneur Jésus-Christ, arrivèrent après bien des dangers à Messine.

Le roi Philippe, avant de sortir du royaume de France avait, en présence de ses amis et de ses conseillers assemblés à Paris, publié son testament, où il réglait ainsi les affaires de tout son royaume.

Les vents, chapiteau de la nef.

Saint Louis à Vézelay

LE NAIN DE TILLEMONT

Louis-Sébastien Le Nain de Tillemont, prêtre janséniste et historien (1637-1698), a laissé en manuscrit sa Vie de saint Louis, *qui fut éditée en 1847 par les soins de J. de Gaulle.*

... Le 25 de mars, saint Louis prit la croix à Paris, en présence d'un grand nombre de seigneurs qu'il y avait assemblez, comme nous avons dit ci-dessus.

Le 3 d'avril, restant à Vincennes, il permit aux religieux de Saint-Ouen de Rouen de tirer un canal d'une fontaine de la ville dans leur monastère. Aussitost après Pasques, il fut à l'abbaye de Vézelay en Nivernois, où, par une ancienne tradition, on tenoit qu'estoit le corps de sainte Madeleine. Quelques-uns néanmoins en doutoient, et nous avons vu qu'en 1254, saint Louis, à son retour d'Orient, fut à La Baume et vint à Aix pour l'honneur de sainte Madeleine, dit Joinville, dont le corps est à une petite journée de là.

Les moines de Vézelay voulant donc étouffer ce doute, prièrent Gui de Mello, évesque d'Auxerre, et Pierre, évesque de Paneade ou Belinas, de venir chez eux pour connoistre la vérité. Ils y vinrent le dimanche 4 octobre de l'an 1265, avec l'abbé de Saint-Marien d'Auxerre et quelques ecclésiastiques, et la nuit suivante, ayant fait creuser sous le grand autel, ils y trouvèrent un coffre d'airain et de plomb et dedans quelques reliques et des cheveux de femme enveloppez dans de la soie, avec un acte d'un roy Charles, sans date, qui attestoit que le corps de sainte Marie-Madeleine estoit dans ce coffre. Ils les vénérèrent et les remirent dans le coffre, qu'ils cachetèrent, les laissèrent en leur place et firent fermer le lieu comme il estoit auparavant, et le lendemain, ils donnèrent leur attestation.

Les moines voulurent depuis faire une translation de ces reliques, et elle se fit le 24 avril de cette année (1267), qui estoit l'octave de Pasques. Saint Louis s'y trouva avec le cardinal Simon, le comte de Poitiers, le roy de Navarre, les trois princes Philippe, Jean et Pierre ses enfans, le comte d'Eu, Gui évesque d'Auxerre, les abbez de Vézelay même et de Saint-Germain-des-Prés, et beaucoup d'autres personnes considérables. Le duc de Bourgogne y estoit. Le cardinal-légat tira le corps de la sainte de son sépulcre de plomb, et le mit dans une châsse d'argent. Il en prit une coste qu'il fit enchâsser très-richement, dont il fit présent, estant pape, à l'église de Sens, l'an 1281.

Les religieux donnèrent à saint Louis une partie considérable du corps de sainte Madeleine, et luy mirent entre les mains un bras et une mâchoire, (*genam*). Il fit enchâsser à ses dépens le bras, dans un bras d'or, enrichi de quatre-vingt-dix grosses perles ou pierres précieuses; et la mâchoire dans un reliquaire d'argent doré porté par un ange de même matière, enrichi aussi de seize pierreries.

Il fit mettre de plus dans la main du bras d'or deux épines de la couronne, de la vraie croix, et quelques autres reliques. Il envoya tout cela, au mois de juillet, à Vézelay, par Géraud archidiacre de Paris, pour le mettre entre les mains de l'abbé et des moines, en présence du cardinal Simon qui y alloit faire sa visite. Géraud s'acquitta de sa commission en présence du cardinal, du clergé et du peuple du lieu. Saint Louis pria les moines de ne vendre jamais ces reliquaires, et Simon le leur défendit sous peine d'excommunication, le 9 d'aoust, à Clameci sur l'Yonne, à quatre lieues de Vézelay.

L'abbé et les moines écrivirent à saint Louis pour le remercier de son présent. On sçait qu'aujour'd'huy les jacobins de Saint-Maximin en Provence l'ont emporté sur l'ancienne tradition de Vézelay; ce qu'il n'est pas nécessaire d'examiner en ce lieu.

Décadence de Vézelay

BULLE DU PAPE PIE II

(XVe siècle)

Cette bulle a été traduite par l'abbé Alexandre Pissier, curé de Saint-Père-en-Vézelay, et publiée dans son ouvrage : Le Culte de sainte Marie-Madeleine à Vézelay *(Vézelay, 1923).*

Pie, etc., à tous ceux qui ces présentes lettres verront, salut et bénédiction apostolique. En parcourant la Sainte Écriture, notre pensée se porte sur la bienheureuse Marie-Madeleine à qui le Christ a témoigné une grande dilection, nous prouvant que Dieu est miséricordieux pour les pécheurs. En Marie-Madeleine se trouve l'exemple et la règle de la vraie pénitence, le pardon qui en est le prix consolant, en ôtant à l'homme tout motif de désespérer; ses sentiments de repentir, au sujet de sa vie passée, elle les a exprimés, non par des paroles, mais par une obéissance parfaite et publique à la loi divine, non par des gémissements violents, mais par l'ardeur de sa charité; elle a manifesté sa contrition par des larmes, des sanglots, des soupirs, implorant grâce du fond du cœur; et ainsi elle a mérité d'entendre la parole du Christ lui pardonnant ses péchés, lui annonçant que sa foi l'a sauvée, faisant maintes fois l'éloge de ses bonnes œuvres, et d'être la première à le voir après sa résurrection. Aussi voulons-nous qu'on ait pour elle un profond respect, une grande vénération, et, dans les lieux où elle est plus particulièrement honorée, implorée avec plus de piété, illustrée par de nombreux miracles, nous recommandons d'autant plus instamment aux fidèles de l'honorer toujours, qu'ils ont plus de raisons d'avoir confiance, et se savent favorisés de grâces plus abondantes.

Or l'église du monastère de sainte Marie-Madeleine de Vézelay, ordre de saint Benoît, diocèse d'Autun, dépendant directement du Saint-

Siège, a besoin de réparations considérables, ainsi que nous l'a récemment exposé notre cher fils Jean, cardinal-prêtre du titre de Saint-Étienne *in Cœliomonte* et évêque d'Autun. Il faut en particulier reconstruire son clocher principal, détruit dernièrement par la foudre, lequel était fort beau et répondait à l'importance dudit monastère, ses cloches ont été fondues ; toutes ces choses étaient à la charge de la sacristie qui devait pourvoir à la couverture de l'église, à ses verrières, à son riche luminaire, à ses lampes, à ses ornements, à la sonnerie des cloches ; et le sacriste faisait convenablement face à toutes ces dépenses, non grâce aux revenus affectés à sa fonction, qui étaient insignifiants, mais grâce aux offrandes et aux aumônes que faisaient autrefois les foules des pieux fidèles venant à cette église de multiples contrées et de divers pays, lors des solennités célébrées chaque année au monastère en l'honneur de la bienheureuse Marie-Madeleine, à savoir au jour de sa fête et de la Relévation de ses reliques, le dimanche après Pâques, et dans l'octave de ces jours. Mais, à raison des guerres cruelles et meurtrières qui ont duré longtemps en France et surtout dans ces régions, très dépeuplées pour ce motif, à raison aussi des épidémies qui y ont sévi, des sinistres événements qui s'y sont produits, ce lieu est peu fréquenté aujourd'hui ; et les populations sont tellement appauvries et la piété s'est tellement refroidie, que le sacriste a peine maintenant, et aura plus de difficultés encore dans la suite, à subvenir, par ces offrandes et ces aumônes si modiques, à une partie du luminaire et à la sonnerie des cloches, (toutes ses autres charges étant délaissées), à moins que les mains charitables des fidèles ne viennent plus largement à son aide.

C'est pourquoi, considérant devant Dieu le louable désir dudit cardinal, et souhaitant que, par notre coopération, ladite église soit réparée et entretenue convenablement, et que les charges de la sacristie soient soulagées et suffisamment dotées de tout ce qui est nécessaire pour que le service divin soit fait avec tout le respect et toute la décence possibles, et que les pieux fidèles viennent d'autant plus volontiers à cette église et concourent à sa réparation, à sa conservation et à son entretien d'autant plus généreusement qu'ils s'y verront comblés de plus de grâces célestes — en vertu de notre autorité apostolique et par la teneur des présentes, à tous ceux qui, vraiment contrits et confessés, visiteront cette église à chacune des solennités annuelles célébrées en l'honneur de ladite B. Marie-Madeleine, à sa fête et à la relévation de ses reliques, et contribueront par de charitables aumônes à ses réparation, conservation et entretien, ou bien qui, empêchés par la maladie, la vieillesse ou l'insécurité des chemins de visiter ladite église, enverront lors de ces mêmes fêtes, et de leur propre bien, pour ces réparation, conservation et entretien, ce que leur piété leur inspirera — outre les indulgences quelles qu'elles soient, déjà accordées par le Saint-Siège, ou sous l'autorité du Saint-Siège, ou par toute autre autorité légitime (indulgences auxquelles nous voulons garder toute leur valeur) — nous faisons gracieusement remise, sur la pénitence qui leur aura été imposée, de sept ans et sept quarantaines...

Sainte Marie-Madeleine.

La sécularisation

CHÉREST

En 1279, on découvrit, près de Saint-Maximin, les vestiges d'un corps que l'on prétendit être celui de Madeleine. Bientôt le sentiment général se prononça en faveur des reliques de la Sainte-Baume, en Provence. Dès lors Vézelay traversa une longue période de décadence. Sans doute, sur sa colline, le disciple de François d'Assise, Frère Pacifique, avait créé le premier couvent de Franciscains français. Mais, de plus en plus, les pèlerins désapprenaient le chemin de la basilique. Enfin, en 1538, une bulle pontificale sécularisa l'abbaye de la Madeleine. Les pages suivantes sont extraites de l'ouvrage d'Aimé Chérest (1826-1885) : Vézelay, étude historique *(Auxerre 1863-1868, 3 vol. in-8°), livre fondamental pour l'histoire de Vézelay.*

L'abbaye de la Madeleine fut sécularisée par une bulle du 30 janvier 1538 [1]; en d'autres termes, le monastère fut supprimé et remplacé par un collège de chanoines, sous la direction d'un abbé séculier et de quelques dignitaires également séculiers. De ce moment, il est juste de dire que l'abbaye de la Madeleine, telle que l'avaient constituée ses fondateurs, celle qui jadis prenait rang après Cluny dans l'ordre de Saint-Benoît, celle qui avait eu tant d'années de gloire et de prospérité, disparut sans retour pour ne laisser place qu'à une église collégiale, humble vestige d'une grandeur complètement déchue.

... Vers 1530, les quelques moines qui peuplaient encore l'immense solitude de la Madeleine, enfants dégénérés d'une institution vieillie, demandèrent à changer leur titre contre celui de cha-

1. Elle est datée du 3 des Ides de janvier 1537, la quatrième année du pontificat de Paul III; ce pontificat n'ayant commencé qu'en novembre 1534, le mois de janvier 1537 était compris dans la troisième et non dans la quatrième année. Il faut donc admettre qu'il y a erreur sur le millésime dans les copies de la Bulle, ou que la chancellerie romaine a suivi cette fois l'usage français de prolonger chaque année jusqu'à Pâques de l'année suivante.

noines séculiers. Mais du moins ils avaient rêvé une compensation à cet abaissement. C'est qu'un évêché nouveau serait créé à Vézelay, et que les futurs chanoines formeraient le chapitre diocésain du futur prélat.

... L'idée de créer un évêché à Vézelay fut bientôt abandonnée, et l'insuccès des moines sur ce point ne les fit pas renoncer à l'idée première de sécularisation. Ce qu'ils voulaient avant tout, c'était évidemment passer de l'ordre régulier dans l'ordre séculier. Même adoucie ou négligée, la règle de saint Benoît leur semblait incompatible avec le genre de vie qu'ils avaient coutume de suivre et qu'ils entendaient ne plus jamais abandonner. Seulement les successeurs de Léon X n'étaient pas aussi faciles que ce dernier sur l'application du concordat. Ils commençaient à sentir que le régime de la commende aboutissait finalement à la ruine des ordres monastiques; et parfois, ils essayaient de remonter le courant, de revenir sur les concessions imprudentes de leurs devanciers, et d'entraver la nomination d'abbés commendataires aux lieu et place d'abbés réguliers.

... Comment donc Paul III se décida-t-il à signer la bulle de 1538? Dom Luc Dachery, l'auteur du *Spicilège*, n'hésite pas à répondre que cette bulle a été surprise par dol. Malheureusement il n'explique pas par qui, et il ne donne aucune preuve à l'appui de son assertion. Il semble se fonder sur une tradition pure et simple, acceptée sans contestation par ses contemporains et généralement répandue parmi les Bénédictins demeurés fidèles à la règle. En tout cas, le dol ne vint ni du roi ni de ses agents. Car le chancelier Poyet, digne successeur du chancelier Duprat, se plaignit que les moines, agissant à la dérobée, n'eussent pas fait réserver au pouvoir royal tous les droits et toutes les prérogatives que le Concordat lui assurait...

Il fallut que le pape Paul III, cédant aux instances de la chancellerie française, modifiât sa décision première par une signature apostolique en date du 4 des Calendes de mai 1541. Malgré cette réparation tardive, la bulle de sécularisation ne fut pas confirmée régulièrement par le roi et enregistrée conformément à l'usage par le parlement de Paris. Elle fut exécutée à Vézelay sur le vu d'une copie plus ou moins authentique que les moines s'étaient procurée à Rome, sans le concours et l'on peut dire malgré les protestations de l'autorité civile. Aussi, quand plus tard les chanoines de l'église collégiale eurent besoin d'invoquer en justice le titre de leur fondation, ils s'exposèrent à en voir contester l'existence ou tout au moins la valeur légale. Après plus d'un siècle de contestations, de procès, de chicanes, ils furent obligés de s'adresser à Louis XIV, afin de mettre un terme à cette irrégularité choquante.

L'autorité royale finit par consentir à ratifier les faits accomplis, et une ordonnance du mois de juillet 1653 édicta que la malheureuse bulle serait enfin transcrite sur les registres du Parlement.

David et Goliath, chapiteau de la nef.

La tradition d'indépendance

ÉMILE MONTÉGUT

Écrivain et philosophe, traducteur de Shakespeare, Émile Montégut (1825-1895) a évoqué Vézelay et son histoire dans ses Souvenirs de Bourgogne *(1874).*

Les abbés de Vézelay, dont l'autorité ne relevait d'aucun pouvoir, soit politique, soit religieux, exerçaient la souveraineté temporelle avec une liberté que les plus grands feudataires eux-mêmes ne connurent jamais. Il faut voir dans la vieille chronique du moine Hugues de Poitiers jusqu'où allait cette liberté, non seulement dans l'ordre politique mais encore dans la discipline et le temporel ecclésiastique ; nous ne croyons pas qu'il y ait jamais eu indépendance plus complète que celle dont cette chronique nous présente le spectacle. Un abbé meurt, le chapitre des moines s'assemble et lui nomme un successeur, sans que ce choix ait besoin d'être ratifié par une autorité quelconque, sans qu'aucun des évêques des diocèses avoisinants, pas même celui d'Autun, dont l'abbaye de Vézelay aurait dû logiquement relever, sans qu'aucun des monastères les plus illustres, pas même celui de Cluny, la première abbaye de la chrétienté, aient le plus petit droit de représentation ou d'approbation. Est-il besoin de conférer certains sacrements, d'ordonner des prêtres et des diacres, l'abbé de Vézelay s'adresse non à l'évêque d'Autun, dont il est le diocésain, mais à celui de Nevers, à celui de Langres, à celui d'Auxerre, à celui de Sens, à celui d'Orléans, à n'importe quel évêque de l'Est ou de l'Ouest, du Midi ou du Nord ; ses sympathies et sa fantaisie sont à cet égard la seule règle. L'abbé entre-t-il en querelle avec un pouvoir voisin quelconque, le comte de Nevers ou tout autre, il se trouve qu'aucune autorité n'a devoir d'en connaître, sauf la lointaine cour de Rome, qui ne juge jamais de la cause à un point de vue local, et que l'adversaire reste ainsi sans recours possible. Si cet adversaire fait alors appel à la force et à la révolte, il se place dans cette situation singulière, qu'il peut tourner contre lui cette même autorité à laquelle il ne pouvait avoir recours, car il lui est vassal, tandis que l'abbé de Vézelay lui échappe : le roi ne peut rien pour connaître de sa cause ; mais, s'il prend les armes, il peut tout pour l'écraser. Il n'y a donc guère lieu de s'étonner que le caractère des abbés de Vézelay ait répondu à la nature de cette souveraineté exceptionnelle : telles sont les institutions, tels deviennent les hommes.

D'ordinaire les grandes abbayes, surtout dans les premiers siècles de leur fondation, ont compté parmi leurs chefs un nombre considérable d'hommes pieux et illustres par leurs vertus morales ; que de saints ont fourni par exemple les premiers siècles de Cluny ! On ne voit rien de pareil à Vézelay. J'ai sous les yeux la liste complète de ses abbés, je n'y découvre pas un seul saint. L'excessive indépendance dont ils étaient armés en fit de purs seigneurs féodaux, et des politiques altiers ou habiles. Le vent qui a soufflé en ces lieux n'est pas celui de l'esprit et de la grâce, c'est celui des âpres contentions et de la violence. Que de querelles et de luttes ! Ces abbés sont toujours en procès avec quelqu'un, avec l'évêque d'Autun, avec le monastère de Cluny, avec les comtes de Nevers, avec leurs propres vassaux ; il n'est pas jusqu'aux doux franciscains qui n'aient eu à pâtir de leur esprit de chicane. Lorsque les pieux frères apparurent à Vézelay, quelques années après la création de leur ordre, les abbés, jaloux à l'excès de leur pouvoir, regardèrent ces nouveaux venus comme un grand seigneur regarde un pauvre hère, sans sou ni maille, qui prétend partager son influence, et leur suscitèrent toute sorte d'obstacles. Heureusement le seigneur de Chastellux de cette époque se déclara leur protecteur, et leur fit construire un monastère dont les débris, connus sous le nom de La Cordelle, se voient encore sur la montagne de Vézelay. Enfin cet esprit de contention fut tellement fort qu'il a coloré d'un vigoureux reflet le récit que Hugues de Poitiers commença du vivant de l'abbé Pons et sur la demande même de cet abbé, ce qui prouve par parenthèse que ce dernier savait choisir ses hommes. Dans ce récit net, clair, qu'on peut dire marqué d'un véritable talent, si l'on considère l'époque où il fut écrit, je n'ai pas relevé un seul mot pour l'édification, pas une expression qui trahisse un esprit mystique ; le langage est celui d'un homme plus habitué à promener ses regards sur les affaires de ce monde qu'à les tourner vers le ciel, et quand d'aventure le style ecclésiastique y est employé, ce n'est que pour maudire et flétrir, soin dont ce chroniqueur militant s'acquitte avec un zèle et un soin tout à fait louables.

... Si Vézelay posséda jamais un *genius loci*, ce fut celui de la dispute, et l'esprit trop exclusivement politique des abbés n'était guère fait pour l'adoucir et le transformer. La révolte comprimée se changeait facilement en hérésie, les habitants se vengeaient sur la religion de leurs mécomptes politiques. Au pied de la montagne de Vézelay, on voit le petit village d'Asquin, où furent brûlés sept ou huit de ces sectaires qui furent connus au moyen âge sous le nom de *patarins*. Or, comme Hugues de Poitiers nous apprend que ces pauvres diables furent brûlés tout justement après la fin des démêlés de l'abbé Guillaume de Mello, successeur de Pons, avec le comte de Nevers, il est plus que probable que ces hérétiques ne furent autre chose que des débris et des épaves des anciennes factions, une queue de l'orageuse commune, qui de colère avait pris cette forme antireligieuse. Au XVIe siècle, la réforme y rencontra des adhérents sinon très nombreux, au moins très actifs et très ardents; on le vit bien aux facilités de défense qu'y trouvèrent les calvinistes lorsque, maîtres de la ville, ils durent soutenir le siège opiniâtre de l'armée catholique. Un nom d'ailleurs en dira plus long que toutes les considérations; un seul homme remarquable est né à Vézelay, et cet homme, c'est Théodore de Bèze, le lettré par excellence de la réforme, le controversiste du colloque de Poissy, c'est-à-dire le génie de la dispute fait homme. C'est lui qui fut surnommé le Mélanchthon de Calvin, pour signifier sans doute qu'il représentait la douceur à côté de la force : terrible douceur, s'il faut en juger par son image, et qu'il serait pardonnable de prendre pour la plus redoutable âpreté.

Jephté sacrifiant sa fille, chapiteau de la nef.

Cahier de doléances de Vézelay

(1789)

Au mois de novembre 1787, le roi Louis XVI déclara qu'il convoquerait les états généraux. Le 8 août 1788, il fixa la date de la tenue. Le 24 janvier 1789, il régla l'ordre et la forme des convocations et, dès le mois de février, les assemblées de paroisses commencèrent à rédiger leurs Cahiers de doléances. *On sait avec quelle frappante unanimité les communes réclamèrent la réforme de la Constitution et du régime de l'impôt. Les doléances de Vézelay expriment le sentiment général du tiers état (Publié dans Chérest, op. cit., tome III).*

Cahier de plaintes, doléances et remontrances des habitants composant le Tiers-État de la ville de Vézelay, ressort du bailliage royal d'Auxerre, généralité de Paris, pour obéir aux ordres de Sa Majesté, relativement à la convocation des États-généraux du royaume.

Lesdits habitants prennent la liberté de supplier très respectueusement Sa Majesté d'ordonner que le Tiers-État, qui aura des députés en nombre égal à celui des deux autres ordres réunis, aura pareillement nombre égal de suffrages aux deux autres ordres, en opinant par têtes à l'assemblée des États-généraux.

En second lieu, de supplier la notable assemblée des États-généraux de remontrer et consentir, et Sa Majesté d'ordonner, que les impositions de toutes natures seront supportées par tous les ordres de l'État, dans une juste proportion, et sans aucune distinction de privilèges.

Que les impositions à assiettes, telles que la taille et ses accessoires, la capitation et les vingtièmes, seront réunies dans un seul et unique impôt.

Que, dans le cas de continuation des assemblées provinciales, l'élection de Vézelay sera distraite du bureau intermédiaire du département de Tonnerre ; qu'en conséquence il sera établi un bureau à Vézelay, chef-lieu, qui correspondra à l'assemblée provinciale de l'Isle-de-France, cette ville étant éloignée de douze lieues de Tonnerre et quelques autres dans son ressort de seize à dix-huit lieues, entre toutes lesquelles villes il n'existe que des routes de traverse et des chemins presque impraticables ; ordonner que les impositions relatives aux frais d'arpentage qui, jusqu'ici, ont été supportées pour la totalité du territoire par les seuls roturiers et taillables qui ne possèdent que la moindre partie de ce territoire, seront à l'avenir et suivant l'égalité des répartitions votées par la nation, supportées par les ecclésiastiques et les nobles dans la proportion des propriétés ; que, pour assurer davantage les opérations de répartition de frais à supporter par les trois ordres, il sera enjoint aux ingénieurs ou arpenteurs préposés à la levée des plans, de distinguer les propriétés de chacun desdits ordres, lesquels plans seront communiqués à la municipalité pour établir invariablement l'imposition proportionnelle.

Qu'attendu que la ville de Vézelay manque de toutes communications avec les villes et villages voisins, n'ayant aucune route de pratiquée, et que par cette raison elle doit naturellement être affranchie de toutes contributions pour les grandes routes, il sera ordonné que les sommes qui proviendront de l'imposition de la corvée seront supportées par les trois ordres, et resteront entre les mains du receveur des finances de l'élection pour être employées aux constructions ou réfections des chemins vicinaux de ladite ville, ce que la commission intermédiaire de l'Isle-de-France sera priée de prendre en considération, pour qu'elle ne diminue pas ses bienfaits, vu l'insuffisance des deniers provenant de la corvée...

Les droits d'aides sont autant d'entraves à la liberté des citoyens et opposent les plus grands obstacles à la facilité du commerce. La diversité des règlements qui les ont établis, modifiés ou étendus, sert de prétexte aux différentes vexations que l'on exerce contre les redevables ; chaque individu auquel la connaissance de ces droits serait nécessaire ne pourrait cependant y parvenir que par une longue étude, à laquelle ses occupations journalières ne lui permettent pas de se livrer. D'où il résulte que son ignorance est souvent la cause du trouble que l'on porte à sa tranquillité. On peut ajouter que les commis du fermier des droits de Sa Majesté profitent de cette même ignorance pour punir l'homme honnête d'une fraude qu'il est honteux de supposer, et dont sans doute il se serait garanti s'il eût connu la quotité, la nature des droits qu'il devait, ainsi que les époques et lieux où ils sont payables. Ces inconvénients sont aussi nuisibles que serviles et conduisent naturellement les habitants de la ville de Vézelay à demander que tous les droits d'aides établis dans le ressort de leur élection demeurent éteints et supprimés, en offrant à Sa Majesté à payer sans aucune diminution les sommes qui en résultent, conjointement avec les trois ordres, lesquelles sommes seront jointes aux rôles des impositions de toute nature, et perçues dans le même ordre.

Que l'impôt du sel, tellement onéreux au peuple, que le roi lui-même qui a donné la nomination d'impôt désastreux, en promettant de le supprimer aussitôt que la position de ses finances le permettrait, sera dès à présent diminué de moitié pour la faveur due à une denrée de première nécessité.

Que pour détruire, s'il est possible, le faux-sonnage qui, nécessitant, même dans l'intérieur du royaume, la solde d'une multitude d'employés armés, entraîne des peines qui vont jusqu'à la destruction de l'espèce, l'impôt du sel pourrait être étendu aux provinces qui n'y sont point assujetties, et qui alors trouveraient dans les vues bienfaisantes du monarque les moyens de pourvoir à leur indemnité.

Que, pour sauver les accidents et même les maladies dangereuses, qui peuvent résulter de la corruption du tabac par suite d'une préparation trop économique, il serait enjoint aux fermiers généraux de Sa Majesté d'envoyer à l'avenir dans les provinces, comme ils le faisaient il y a peu d'années, le tabac en billes ficelées pour être préparé et vendu par les débitants comme ci-devant.

Que le tarif des droits de contrôle arrêté au conseil en 1722, laissant un arbitraire trop étendu sur leur quotité, il sera ordonné un nouveau tarif de ces droits, afin d'en fixer invariablement la perception.

Que l'éloignement de dix lieues où Vézelay se trouve, et de la maîtrise des eaux et forêts, et de la juridiction consulaire, toutes deux siégeantes à Auxerre, est un inconvénient que tout le monde aperçoit, et qui porte à désirer que le service total des bois de la communauté soit rapproché de leur cité. Que d'ailleurs il est de notoriété dans le pays que la maîtrise d'Auxerre a profité, il y a environ trente ans, d'une vacance de l'abbaye de Vézelay, pour s'approprier les fonctions et droits d'une gruerie qui en dépendait depuis plusieurs siècles, entreprise funeste à la communauté de Vézelay autant qu'à l'abbaye même, soit à raison de l'énorme différence des droits de la juridiction royale à ceux de la seigneuriale, soit à cause de l'arbitraire des taxes que les royaux se permettent aussi librement qu'ils savent très bien que l'excès n'en peut être réprimé que par des procédures également longues et ruineuses, et qui augmentent encore à raison de la grande distance où l'on peut être de la capitale...

Qu'il résulte de la création des charges des jurés priseurs des inconvénients très préjudiciables aux citoyens, par les droits considérables qu'ils sont autorisés de percevoir, tant sur le montant des inventaires dont la pièce leur est attribuée, que pour la forte taxe des vacations qu'ils y employent ; qu'en conséquence il serait avantageux, en rendant au public la liberté dont ils jouissent, d'ordonner la suppression de ces sortes de charges.

La ville de Vézelay étant informée que la province de Bourgogne et celle du Nivernais désirent réunir l'élection de Vézelay ou partie d'icelle à leur province, les habitants supplient que leur élection reste dépendante de la généralité de Paris ou province de l'Isle-de-France, dont elle a toujours fait partie.

Que les places des maire, échevins, receveur et autres charges municipales seront électives en remboursant aux titulaires la finance de leur charge.

S'il restait à la ville de Vézelay un vœu à former dans les conséquences de l'heureuse révolution actuelle, ce serait qu'après la libération de la dette nationale, à laquelle tout patriote s'empressera de contribuer, et à l'aide des connaissances précises que procurerait un cadastre général tant promis et tant désiré, il plût au roi de faire goûter à la nation française les douceurs du calme et de la prospérité intérieure, en réduisant pour toujours la cotisation unique de chaque individu au dixième de son revenu, et l'on ose avancer qu'une pareille imposition, portant sur les possessions et industries des trois ordres de l'État, et rendue presque sans frais au trésor royal, excéderait sans faute ce qui, de la masse générale des impositions actuelles, peut entrer de net dans les coffres de Sa Majesté.

Signé : Rameau, maire perpétuel ; Parent ; Guillier de Chalvron et Vildé.

Samson chevauchant le lion, chapiteau de la nef.

II

Vézelay dans l'Art

Description de Vézelay

PROSPER MÉRIMÉE
(1835)

C'est en 1834 que Mérimée, qui était alors inspecteur général des monuments historiques, visita Vézelay. Malgré quelques erreurs, sa description reste d'un grand intérêt. Elle montre la basilique de Vézelay à l'époque de son extrême délabrement (extrait de Notes d'un voyage dans le Midi de la France; *Paris, 1835).*

La petite ville de Vézelay est bâtie sur un rocher calcaire qui s'élève abruptement au milieu d'une vallée profonde resserrée par des collines disposées en amphithéâtre. On découvre d'assez loin les maisons semées sur une pente rapide, qu'on prendrait pour les degrés d'un escalier, des restes de fortifications en terrasse, et surtout l'église, qui, placée sur le point culminant de la montagne, domine tous les environs. — Je venais de traverser des bois bien plantés, par une route commode, au milieu d'une nature sauvage, que l'on admire sans être distrait par les cahots. Le soleil se levait. Sur le vallon régnait encore un épais brouillard percé çà et là par les cimes des arbres. Au-dessus apparaissait la ville comme une pyramide resplendissante de lumière. Par intervalles, le vent traçait de longues trouées au milieu des vapeurs, et donnait lieu à mille accidents de lumière, tels que les paysagistes anglais en inventent avec tant de bonheur. Le spectacle était magnifique, et ce fut avec une prédisposition à l'admiration que je me dirigeai vers l'église de la Madeleine.

La première vue du monument me refroidit un peu. La façade offre une ancienne restauration gothique, maladroitement ajoutée aux parties basses, qui appartiennent au style roman. La tour de gauche a été renversée par les protestants en 1569 : pendant la Révolution, les bas-reliefs des tympans ont été détruits ; et pour que le XIXe siècle ne le cédât pas en vandalisme, on vient d'élever au-dessus de la tour qui reste une espèce d'observatoire octogone, en forme de tente, de l'aspect le plus ridicule [1].

D'après ce qui reste, il est facile de se faire une idée de cette façade, telle qu'elle était lors de la construction primitive : trois portes principales cintrées, avec des archivoltes et des tympans richement sculptés, étaient précédées d'une montée de quelques gradins. Deux tours carrées, médiocrement élevées, encadraient la façade, et se réunissaient par une galerie, dont quelques parties subsistent encore dans la tour de droite. Au-dessus de cette galerie, suivant toute apparence, s'élevait un fronton triangulaire.

Plus tard, c'est-à-dire vers la fin du XIIIe siècle, les tours ont été exhaussées d'un étage, et percées de longues ogives trilobées ; ce n'est, je crois, qu'à la fin du XIVe siècle qu'on a remplacé le gâble roman par une espèce de grand fronton à jour, qui n'a jamais été terminé, et qui produit un effet d'autant plus pitoyable, que la démolition de la tour de gauche le laisse isolé, comme un chambranle de fenêtre, qui resterait debout séparé des murailles qui l'encadraient. Ce fronton est en forme d'ogive, et surmonté d'une accolade ou ogive à contre-courbe. Quatre meneaux perpendiculaires, de style anglais, le divisent, et donnent lieu à cinq fenêtres en ogive, trilobées, d'inégale grandeur, disposées de manière à former un groupe pyramidal. Des statues colossales s'adossent à ces meneaux. Au-dessus sont d'autres fenêtres bouchées, ou plutôt des niches ; plus larges et moins hautes, trilobées aussi, où d'autres statues figurent comme autant de soldats dans leurs guérites. Tout cela est enchâssé dans le grand chambranle ogival dont j'ai parlé. Bien que cette construction soit massive, elle n'a l'air rien moins que solide, ce qui augmente encore l'impression désagréable qu'elle produit. Souvent dans les édifices gothiques on voit réunie à une prodigieuse hardiesse l'apparence de la solidité, et c'est la perfection. Ici, tout au contraire, la base du fronton est à jour et le haut est plein, ce qui me semble un contresens, du même genre qu'une pyramide placée sur sa pointe. On craint que l'équilibre naturel ne se rétablisse par un changement du centre de gravité, c'est-à-dire que le portail ne vous tombe sur la tête.

Les statues de ce fronton, très mutilées aujourd'hui par les protestants et les jacobins, n'ont jamais été, que je pense, remarquables par leur exécution ; leurs draperies sont lourdes et mal ajustées. Les têtes, il est vrai qu'il en reste peu d'échantillons, assortissent les corps. En un mot, ces sculptures sont totalement dépourvues de grâce et de caractère.

1. On dit que cela a été construit pour MM. les officiers du génie qui travaillent à la carte de France.

Excepté dans les jours de fête, l'entrée de l'église est fermée, ou, pour parler plus exactement, bouchée par une porte en bois vermoulu, dont un battant donne passage aux fidèles. On entre d'abord dans une espèce de porche intérieur ou de vestibule (*narthex*), qui précède la nef, et en est séparé par un second portail. La même disposition se reproduit souvent dans les églises romanes, et rappelle l'usage des premiers temps de l'église, lorsque l'entrée du temple n'était accordée qu'aux chrétiens, tandis qu'on assignait aux Catéchumènes une place séparée, hors de l'enceinte sacrée. Lorsque la Madeleine a été construite, il n'y avait plus de païens à convertir dans les environs, et cependant ce portique intérieur a reçu le nom de *Porche des Catéchumènes*, qu'il a conservé jusqu'à ce jour.

Il offre un mélange de cintres et d'ogives qui semble indiquer une époque de transition. Tous les ornements d'ailleurs sont romans ou byzantins, car l'ornementation gothique n'a paru que longtemps après l'ogive, et même après le style ogival.

Trois arcades cintrées, de chaque côté, divisent ce porche parallèlement à l'axe de la nef. La voûte est en ogive. Les chapiteaux des colonnes engagées sur les faces des piliers sont historiés, de style byzantin et finement sculptés. Au-dessus des arcades de droite et de gauche, de ce que l'on pourrait appeler les bas-côtés du portique, règnent deux galeries assez spacieuses qui se réunissent, du côté de la nef, par une espèce de tribune, et du côté du portail par un couloir étroit, bordé de colonnettes gothiques, contemporaines du fronton que j'ai décrit. Les arcades de ces galeries supérieures sont ogivales ; leurs chapiteaux sont du même style que ceux du rez-de-chaussée.

Le fond de la tribune, au-dessus de la porte principale, forme une espèce d'abside ogivale à pans, dont les murs ont été autrefois peints à fresque, mais ces peintures sont aujourd'hui à peu près effacées. D'après les fragments qui subsistent encore, j'ai lieu de présumer qu'elles ne remontent pas plus haut que la fin du XIVe siècle.

Ce vestibule ne paraît pas être considéré par les habitants de Vézelay comme faisant partie de l'église. On garde son chapeau en y entrant ; les polissons s'y rassemblent pour jouer ; enfin l'on y fait bien des choses qu'on ne ferait même pas dans la rue. Il serait à désirer qu'on y mît ordre, et qu'on le débarrassât des gravois et des immondices dont il est encombré.

Les trois portes qui s'ouvrent sur la nef, et qui correspondent à celles de la façade, sont ornées d'archivoltes merveilleusement travaillées, et des bas-reliefs d'un haut intérêt remplissent les tympans. Malheureusement les vandales, qui ont dévasté l'église, ont particulièrement exercé leur fureur sur ces morceaux précieux, et ont rendu presque indéchiffrables les sujets qu'ils représentent. — La figure humaine attire toujours l'attention des destructeurs ; elle leur offre un but déterminé, noble, et c'est celui qu'ils choisissent de préférence.

La porte principale est divisée en deux par un pilier carré à chapiteau historié. Une colonne plus basse, engagée dans le pilier, sert de piédestal à une longue figure revêtue d'une robe flottante et d'un manteau fourré, la tête entourée d'un nimbe. Entre ses mains est une espèce de disque, aujourd'hui tellement fruste, que je n'ai pu m'en expliquer l'usage...

Au-dessus du pilier s'étend un bandeau qui vient s'appuyer par ses deux extrémités sur les impostes. Il est couvert de figures d'environ quatorze pouces de proportion, formant comme une longue procession partant de droite et de gauche, et se dirigeant vers le centre du bandeau, qui est occupé par la tête et le nimbe de saint Jean.

Le tympan est rempli par un bas-relief de très grande proportion, exécuté avec le plus grand soin : c'est, à ce qu'il paraît, le morceau capital. Peut-être se lie-t-il avec la procession au moyen de deux personnages, dont les pieds posent sur ce bandeau, et dont la tête s'élève jusqu'au milieu du tympan. J'ai pensé que ces deux figures pouvaient représenter la Vierge et la Madeleine, et que leur position *mixte* entre le bandeau et le tympan avait pour but de caractériser leur rôle de médiatrices entre le ciel et la terre. Mais ces sculptures sont tellement mutilées, qu'il est très possible que mon explication soit tout à fait erronée ; que ce qui me paraît une femme paraisse à quelqu'un de plus clairvoyant que moi un homme, un saint ou un ange. L'imagination peut ici s'exercer librement.

Au milieu du tympan, la figure de Jésus-Christ attire d'abord l'attention ; elle est de proportion colossale, la tête dépassant même le sommet du tympan ; il est assis au milieu d'une *vesica-piscis*, la tête entourée d'un nimbe où est figurée une croix. Ses cheveux, séparés sur le front, retombent sur ses épaules ; sa barbe est courte. Son expression ne manque pas de noblesse et de gravité. — Ses deux mains, étendues à droite et à gauche comme pour bénir, sont énormément grandes et larges. Sans doute embarrassé pour exprimer les raccourcis, l'artiste a pris le parti de mettre les jambes et les cuisses de profil, tandis que le buste est de face, ce qui donne à cette figure l'air malheureux d'une personne placée dans une situation incommode. L'ajustement, remarquable par sa ressemblance avec celui de certaines statues antiques, se compose d'un *peplum* plissé à très petits plis, retombant jusqu'à la ceinture ; d'une robe fort ample, plissée de même, à grandes manches qui laissent voir une autre robe d'une étoffe différente. Les pieds sont nus. — On observe dans plusieurs parties des vêtements des plis concentriques ou plutôt en spirale. Des étoffes en usage dans l'Orient offrent encore le même aspect. Cela tient, je crois, aux procédés de blanchissage. Au lieu de

Tympan du narthex
portail central : le Christ en majesté

les repasser et de les aplatir comme nous faisons, les Orientaux les tordent sur elles-mêmes ; de là les plis en spirale, si souvent reproduits dans la sculpture byzantine.

A droite et à gauche du Jésus-Christ, sont d'autres figures, diversement groupées, de proportion relativement si petite, que leur tête arrive à peine aux genoux du personnage principal. Tous tenant des livres ou des tablettes paraissent écouter avec recueillement les paroles du Sauveur. Leur costume a la plus grande analogie avec celui du Jésus-Christ ; mais aucun n'a de peplum. A la gauche de la figure principale, un arbre étend son feuillage sur les personnages assis ; à droite paraît un nuage, d'où sort un arc rempli de raies parallèles ; c'est, je crois, un arc-en-ciel. Quant à l'explication du bas-relief, je propose humblement la mienne : Jésus-Christ dans sa gloire, entouré de ses apôtres [1].

Trois archivoltes entourent ce tympan. Sur la première sont sculptés huit groupes d'inégale grandeur, et j'avouerai que je n'ai pu parvenir à avoir une idée sur un seul des sujets. Vient ensuite un zodiaque en vingt-neuf médaillons, dont les signes sont entremêlés, suivant l'usage, d'animaux fantastiques de figures monstrueuses, et d'allégories des travaux correspondant aux différentes saisons. Le premier signe est le Verseau, placé à gauche ; le dernier le Capricorne, à droite ; ils se suivent d'ailleurs régulièrement, mais le signe de la Vierge manque. On trouve un exemple de la même omission dans le zodiaque de Notre-Dame de Paris, omission qu'on explique par la présence de la statue de la Vierge sur le pilier qui divise la porte de gauche. A Vézelay, le même motif a pu avoir le même résultat ; mais alors il faut admettre avec moi que la Vierge est l'une des deux figures sculptées sur le tympan et le bandeau. — On peut supposer par analogie que ce zodiaque a été fait à une époque où l'église était consacrée à la Vierge, c'est-à-dire avant 1150. — La représentation de plusieurs signes est fort bizarre ; ainsi, par exemple, le Taureau et le Bélier ont des queues de poissons, le Scorpion a quatre pattes, et ressemble à un chameau. Enfin, parmi les médaillons, il y en a dont il ne faut chercher l'explication que dans le caprice de l'artiste, comme, par exemple, des corps à quatre jambes, etc. — Une archivolte d'un grand relief, ornée de moulures et de palmettes bien travaillées, encadre le tout.

Les tympans des portes latérales sont également occupés par des bas-reliefs, et entourés de deux archivoltes à rosaces et à rinceaux admirablement exécutés, et travaillés à jour au-dessus d'une gorge profonde. — Sur le tympan de droite est représentée l'adoration des mages, et

1. La plupart des têtes ont été brisées ; mais on reconnaît qu'elles étaient entourées de nimbes. A droite du Christ, un personnage tient deux longues clefs. N'est-ce pas saint Pierre ?

Tympan du narthex, porte nord.

Tympan du narthex, porte sud.

dans le bas, l'Annonciation et la Nativité. Celui de gauche est divisé en quatre compartiments. Dans le plus élevé, on voit le Christ au milieu des Apôtres ; en bas, les disciples d'Emmaüs, enfin, deux autres sujets que je n'ai pu interpréter. Le bandeau de ces deux portes latérales est tout uni.

Toutes ces sculptures ont un assez grand relief sur le fond, mais au lieu d'arrondir les contours, l'artiste les a taillés carrément, évidemment avec l'intention de produire une ombre très forte qui les dessinât nettement. On dirait d'épaisses découpures appliquées contre une surface lisse.

La nef, qui est immense, indique évidemment deux constructions successives ; la première partie, celle qui touche au narthex, a une voûte cintrée en berceau, renforcée d'arcs doubleaux ornés d'entrelacs ou de rosaces. La voûte de l'autre partie est plus élevée et en ogive, avec des nervures croisées. Dans les deux parties de l'église, les arcs en plein cintre ou en ogive sont sensiblement surbaissés, probablement par suite de l'affaissement des voûtes, peut-être aussi par l'ignorance des architectes, ou l'insuffisance des moyens qu'ils employaient pour assurer l'exactitude de leurs courbes. La voûte des collatéraux est d'arêtes avec des arcs doubleaux, qui, partant des piliers, se réunissent aux contreforts intérieurs des murailles latérales.

Les arcades et les fenêtres de la nef sont toutes en plein cintre. Dans les collatéraux, ces dernières s'évasent considérablement à l'intérieur.

Les piliers formés par des espèces de pilastres de largeur inégale, appliqués les uns sur les autres, et augmentant de diamètre à mesure qu'ils se rapprochent du centre du massif, portent une colonne engagée sur chacune de leurs faces. Du côté de la nef, cette colonne s'élève jusqu'aux retombées des arcs doubleaux, mais elle est interrompue deux fois, d'abord par une moulure saillante, à la hauteur des impostes des arcades, puis par une corniche qui règne entre ces arcades et les fenêtres de la nef. Tous les chapiteaux sont historiés et ciselés avec un soin infini.

Il faut monter trois marches pour entrer dans le chœur, dont la voûte et les arcades sont en ogive ; il est entouré par huit gros piliers ronds, monolithes, en pierre. Au-dessus règne une galerie dans laquelle s'ouvrent à l'intérieur de l'église des arcades géminées en ogive, encadrées par des archivoltes cintrées. Le chœur est éclairé par des lancettes flanquées, à l'intérieur comme à l'extérieur, de longues colonnettes gothiques. Cinq absides disposées en demi-cercle terminent l'église à l'orient, toutes ornées d'arcades bouchées, et éclairées chacune par deux fenêtres en plein cintre.

L'axe du chœur n'est pas le même que celui de la nef ; mais il n'a pas, comme celui de Nevers, une flexion à gauche. Ses piliers de droite s'alignent exactement sur ceux de la nef, tandis que ceux de gauche sont sensiblement en retrait. Je ne puis que rendre compte de cette singularité.

Sous le chœur est une crypte soutenue par douze colonnes à chapiteaux en cône renversé, presque dépourvus d'ornements.

Les transepts peu profonds et de longueur inégale sont entourés d'une galerie qui communique avec celle du chœur, et qui lui est semblable, sauf que, du côté de la nef, toutes les arcades, moins une, sont en plein cintre.

Du côté du chœur, les piliers des transepts sont formés par un faisceau de longues colonnes gothiques, tandis que, du côté de la nef, ils ne diffèrent en rien des piliers voisins.

On passe des transepts de droite, en descendant cinq ou six marches, dans ce qu'on appelle la salle capitulaire. Voûtes et fenêtres sont en plein cintre. Deux gros piliers ronds, à chapiteaux corinthiens barbares, soutiennent une voûte d'arêtes à nervures croisées, qui s'appuient aussi sur des consoles historiées. On remarque des chevrons romans au milieu de chaque nervure, dont l'épaisseur est considérable. — On dit que c'est dans cette salle que s'assemblèrent les moines de Vézelay, lorsque, chassés par le comte de Nevers et l'insurrection de leurs vassaux, ils se disposèrent, les larmes aux yeux, à quitter leur antique demeure.

Autrefois la Madeleine avait deux tours et deux clochers. La tour et le clocher du Nord ont été détruits par les protestants[1]. J'ai déjà parlé de la tour qui flanque la façade. Le clocher de Saint-Antoine, le seul qui subsiste, élevé à côté du transept droit, est carré, à deux étages, percé de deux fenêtres romanes ornées de gros tores. Les angles se terminent par trois longues colonnes, soutenant une espèce de parapet semi-circulaire; elles m'ont paru des additions, relativement modernes.

L'extérieur de l'église est fort simple; les fenêtres n'ont presque aucun ornement. — Les contreforts anciens sont peu saillants. On en voit de plus épais, ainsi que des arcs-boutants, dans les parties où des dégradations déjà anciennes en ont fait sentir la nécessité. — Des portes latérales de l'église, celle du nord me paraît moderne; l'autre communiquait sans doute de l'abbaye à l'église. Elle se distingue par une archivolte romane fort mutilée, mais où l'on reconnaît des moulures assez fines.

Près de la salle capitulaire, on voit quelques restes de l'ancienne abbaye : une porte gothique dépendant du château abbatial, et quelques

1. Ils firent un manège de l'église, et voulurent même la détruire; mais le temps ou la patience leur manqua.

Porte sud du narthex : ange de la nativité.

arcades d'un cloître roman; puis sur le penchant méridional de la colline, des caveaux dans lesquels on a trouvé des tombes. Au reste, il est impossible maintenant de retrouver l'emplacement de cette abbaye, de ce bâtiment si vaste, que des rois pouvaient y loger avec leur suite, sans qu'il fût nécessaire de déranger aucun des habitants du monastère. Des constructions modernes se sont élevées sur ces ruines, dont on découvre çà et là des fragments, même à une grande distance de l'église.

On remarque plusieurs tombeaux dans l'intérieur de la nef. Le plus considérable, malheureusement mutilé, est auprès de la sacristie moderne. Il est surmonté d'une statue représentant un homme couché. Nulle inscription ne vient aider les conjectures : seulement, son costume semble indiquer un ecclésiastique; c'était peut-être un prieur de l'abbaye. Je ne crois pas qu'on puisse assigner à ce monument une date plus éloignée que la fin du XIIIe siècle, ou plutôt le commencement du XIVe. C'est à la même époque qu'il faut rapporter des bas-reliefs fort dégradés, encadrés dans un arc en plein cintre trilobé, et à moitié recouverts de plâtre. Ils sont appliqués contre le mur méridional. Peut-être proviennent-ils des chapelles sépulcrales communiquant avec l'église, dont on a conservé la tradition sans en pouvoir montrer le moindre vestige. — Çà et là, surtout dans la nef principale, on marche sur des pierres tumulaires, dont le temps a rendu les inscriptions à peu près illisibles. Plusieurs, gravées en creux, représentent les morts (en général de hauts fonctionnaires du couvent) revêtus de leurs habits de cérémonie. La tête, les mains et plusieurs ornements, sont en marbre blanc, incrusté dans la pierre. Je n'ai vu aucun de ces tombeaux qui m'ait paru antérieur à la fin du XIIIe siècle.

C'est surtout la richesse et la variété de l'ornementation qui distinguent l'église de Vézelay. Les chapiteaux, je ne parle que des plus anciens, sont tous différents. Les uns représentent des sujets bibliques, d'autres les supplices des damnés, quelques-uns des chasses, ou bien des animaux inventés par le caprice du sculpteur. On y voit des diables pourvus de cornes et de queues, tourmentant les damnés. D'autres chapiteaux, mais en plus petit nombre, offrent des ornements bizarres, ou bien des feuillages capricieusement agencés. Plusieurs sont ornés de fleurs, entre autres de roses, assez bien exécutées. La forme générale de tous est une pyramide tronquée, dont les angles sont arrondis. Presque toutes les bases sont garnies de moulures, de perles ou de palmettes. Pour l'ornementation, les piliers de la partie ogivale de la nef ne diffèrent en rien de ceux de la portion la plus ancienne; quant à ceux du chœur, ils n'ont que de simples moulures surmontées d'un tailloir.

On voit par le choix des sujets qui ont un sens, quel était l'esprit du temps et la manière d'interpréter la religion. Ce n'était pas par la douceur ou la persuasion qu'on voulait convertir, mais bien par la terreur.

Les discours des prêtres pourraient se résumer en ce peu de mots : « Croyez, ou sinon vous périrez misérablement dans ce monde, et vous serez éternellement tourmentés dans l'autre ! » De leur côté, les artistes, gens religieux, ecclésiastiques même pour la plupart, donnaient une forme réelle aux sombres images que leur inspirait un zèle farouche. Je ne trouve à Vézelay aucun de ces sujets que les âmes tendres aimeraient à retracer, tels que le pardon accordé au repentir, la récompense du juste, etc. ; mais, au contraire, je vois Samuel égorgeant Agag ; des diables écartelant des damnés ou les entraînant dans l'abîme ; puis des animaux horribles, des monstres hideux, des têtes grimaçantes, exprimant ou les souffrances des réprouvés ou la joie des habitants de l'enfer. Qu'on se représente la dévotion des hommes élevés au milieu de ces images, et l'on s'étonnera moins des massacres des Albigeois.

L'ornementation de la salle capitulaire est beaucoup plus soignée que celle du reste de l'église. Je pense qu'elle a été exécutée à l'époque de la construction du vestibule, c'est-à-dire à la fin du XIIe siècle, époque où l'ornementation byzantine fut portée au plus haut point de perfection.

Voici les principales mesures de l'église de la Madeleine :

Longueur, depuis le portail jusqu'à l'abside, hors œuvre	123,40 m
Longueur du chœur	34,99
Largeur des trois nefs réunies	26,11
— de la nef principale	7,50
Longueur des transepts	29,45
Hauteur de la nef (partie la plus ancienne) sous clef	17,95
— 2e partie, voûte ogivale	20,80
— des bas-côtés	7.50
— du portique des Catéchumènes	19,43
— du chœur	21,10

Il me reste à parler des dégradations épouvantables qu'a subies cette magnifique église. Les murs sont déjetés, fendus, pourris par l'humidité. On a peine à comprendre que la voûte toute crevassée subsiste encore. Lorsque je dessinais dans l'église, j'entendais à chaque instant des petites pierres se détacher et tomber autour de moi. La toiture est dans un état pitoyable ; enfin il n'est aucune partie de ce monument qui n'ait besoin de réparations.

La ville de Vézelay, qui n'a guère qu'un millier d'habitants, est pauvre, sans industrie, éloignée de grandes routes, dans une position peu accessible. Il lui est impossible de subvenir, je ne dis pas aux réparations nécessaires, mais même à celles qui n'auraient pour but que d'empêcher les progrès de la destruction. Aussi le mal s'accroît tous les jours. Si l'on tarde encore à donner des secours

Combat de démons, chapiteau de la nef.

à la Madeleine, il faudra bientôt prendre le parti de l'abattre pour éviter les accidents.

J'ai demandé des secours à M. le ministre de l'Intérieur et à M. le ministre des Cultes, mais les ressources qu'ils ont à leur disposition sont limitées, et doivent être réparties sur toute la France. Le conseil général du département de l'Yonne devrait apporter aussi sa quote-part dans les frais de réparation, et se conserver ainsi l'un de ses plus anciens et de ses plus beaux monuments.

En 1848, Mérimée eut de nouveau l'occasion d'étudier Vézelay et son église. Rappelant que la suppression du chapitre, en 1790, avait beaucoup nui à l'activité de la ville et qu'il ne lui restait plus que sa magnifique basilique, qui tombait alors en ruine, Mérimée conclut ainsi :

Dépourvue de paratonnerres, et exposée par sa situation aux orages qui suivent la vallée de la Cure, l'église fut, à différentes reprises, frappée de la foudre, et l'une de ses tours fut brûlée en 1819. Le manque d'entretien et surtout des réparations maladroites avaient encore aggravé le délabrement de l'édifice, lorsque M. le ministre de l'Intérieur résolut de faire les plus grands efforts pour le conserver. L'auteur de cette notice s'applaudit d'avoir été un des premiers à signaler l'importance de cet admirable monument, et à réclamer des secours auprès de l'administration. Mais il ne suffisait pas d'une somme considérable accordée libéralement par le ministre, il fallait encore trouver un architecte habile et expérimenté, qui osât entreprendre une restauration que quelques hommes de l'art avaient déclarée impossible. Telle était la situation de l'église de la Madeleine il y a peu d'années, que c'était avec une sorte d'effroi qu'on voyait préparer les travaux de consolidation, car il était à craindre que le moindre ébranlement n'amenât la ruine d'une masse minée de toutes parts. Le désir de conserver à la France un de ses plus beaux monuments décida M. Viollet-Leduc à se charger d'une tâche si difficile. Il s'en est acquitté avec autant d'adresse que de prudence, avec autant de talent que de bonheur. Depuis cinq ans de grands travaux s'exécutent, sous sa direction, à Vézelay. Aujourd'hui, toutes les grosses réparations sont terminées, et l'époque est fort rapprochée où l'église de la Madeleine ne présentera plus aucune trace des nombreuses catastrophes qu'elle a subies depuis sa fondation.

L'église de la Madeleine

VIOLLET-LE-DUC

Cette étude a été publiée en 1873, sous le titre : Monographie de l'ancienne Église abbatiale de Vézelay, *par les soins de la Commission des Monuments historiques.*

L'examen le plus rapide de l'église de la Madeleine suffit pour y faire reconnaître plusieurs époques de construction, plusieurs styles d'architecture différents. La nef est incontestablement la partie la plus ancienne de l'édifice, et l'on ne peut douter qu'elle ne remonte au XIe siècle.

Le porche, également de style roman, mais mieux bâti, mieux décoré, est une addition faite après les premiers travaux, et, selon toute apparence, postérieure de quelque quarante ans à la dédicace de l'église en 1104.

Le chœur, qui présente tous les caractères de la première époque gothique, n'a pu être commencé qu'après l'incendie de 1165, et nous avons exposé les motifs qui nous font croire qu'il date de la fin du XIIe siècle ou des premières années du siècle suivant.

La crypte, qui existait déjà au XIe siècle, et qui avait souffert comme le chœur de l'incendie de 1165, fut modifiée également dans cette grande restauration.

On remarque d'ailleurs que toutes les parties de l'édifice, à quelque époque qu'elles appartiennent, sont décorées avec tout le luxe, toute la recherche de sculpture et d'ornementation que comportait le temps de leur construction. Vraisemblablement les travaux furent confiés aux artistes les plus en renommée. En effet, si l'on compare ce monument avec les nombreux édifices de la Bourgogne, il est facile d'y remarquer une supériorité de style et de faire, qu'expliquent d'ailleurs la richesse et l'importance de l'abbaye.

Adam et Eve, chapiteau de la nef.

Quant à la construction proprement dite, celle de la nef indique cependant une assez grande inexpérience, ou plutôt une négligence singulière. Les voûtes, extraordinairement épaisses, sont mal contre-boutées par des murs bâtis en petits matériaux, sorte de revêtement peu épais qui renferme un blocage. Les pierres sont pour la plupart mal choisies, et les claveaux des arcs, par exemple, taillés dans un calcaire argileux qui se délite dans tous les sens, étaient pour la plupart en si mauvais état, il y a quelques années, qu'il a fallu les déposer presque tous. Un grand nombre s'émiettaient, pour ainsi dire, aussitôt qu'ils n'étaient plus retenus par la pression même qui les avait fait éclater.

LA NEF

La nef de Vézelay est plus élevée et d'une construction plus légère que ne sont la plupart des églises romanes du XIe siècle. Sa longueur extraordinaire la fait paraître moins large qu'elle n'est en réalité, et il faut un examen attentif pour en bien apprécier les proportions.

Les arcs doubleaux, ainsi que la plupart des colonnes engagées, sont construits en pierres alternativement blanches et d'un gris verdâtre, qui forment ainsi une espèce de marqueterie ou de mosaïque, d'ailleurs peu régulière. Il y a des provinces, comme l'Alsace et l'Auvergne, où les couleurs très variées des matériaux ordinaires de construction ont rendu ce mode de décoration d'un emploi si fréquent qu'il y est, pour ainsi dire, un des caractères constants des édifices au XIe et au XIIe siècle ; mais en Bourgogne c'est une singularité dont nous ne connaissons pas d'autre exemple, et qui pourrait être attribuée à une influence étrangère.

Nous ne devons pas oublier de signaler le caractère très-singulier de la corniche qui règne à l'extérieur de la nef. Le motif en est évidemment emprunté à une décoration en bois. Les modillons figurent les extrémités saillantes des solives de la toiture, et les rosaces entre les modillons semblent des planches inclinées, disposées entre ces solives. Ces rosaces et la bordure d'oves qui les entoure ont un caractère tout antique.

SALLE ET CLOÎTRE AU MIDI DE L'ÉGLISE

Un progrès encore plus remarquable se révèle dans la salle contiguë à l'église, du côté du midi. L'art roman s'y montre arrivé à sa dernière perfection, ou plutôt il commence à se transformer. Déjà l'on peut observer un changement notable dans le style de la décoration, où dominent les ornements empruntés au règne végétal. On serait tenté de voir une espèce de retour aux traditions antiques dans les chapiteaux, dont le galbe rappelle l'ordre corinthien, dans les cannelures des piliers, enfin dans une certaine sévérité presque classique, contrastant avec la liberté un peu capricieuse qui a présidé à l'ornementation de la nef et du porche.

Ces souvenirs de l'Antiquité, dont nous observions tout à l'heure un exemple remarquable dans la corniche extérieure de la nef, ne doivent pas surprendre dans une province qui a conservé plusieurs grands mouvements romains, et où d'autres églises du moyen âge offrent les preuves nombreuses d'une imitation encore plus exacte.

Quelle a été la destination de cette salle? Les uns ont cru qu'elle servait aux réunions du chapitre, d'autres, avec plus de vraisemblance peut-être, en ont fait une sacristie. Si l'on en juge par l'analogie que présente le plan de Vézelay avec celui de plusieurs autres monastères du même ordre, cette dernière destination serait la plus probable. Nous aurons plus d'une fois occasion de remarquer dans l'église de la Madeleine la persistance de certaines traditions qui nous semblent particulières à la réforme de Cluny.

Le cloître attenant à cette salle a subi plusieurs transformations. Élevé vers le milieu du XIIe siècle, il paraît avoir été ruiné bientôt après, peut-être dans l'incendie qui détruisit le chœur. Au XIIIe siècle, il fut rebâti dans le style gothique. Lors des travaux qui eurent lieu récemment pour la restauration de l'église, ces deux constructions successives du cloître furent constatées jusqu'à l'évidence. On s'est déterminé à rétablir dans le style du XIIe siècle les arcades attenantes à la sacristie, d'abord afin de conserver à cette partie de l'édifice l'unité de style qui aurait été troublée par l'emploi des formes du XIIIe, et en second lieu, parce que la plupart des débris retrouvés sous le sol actuel appartenaient à la première construction, qu'un certain nombre pouvaient être réemployés, et qu'ils fournissaient les éléments d'une restitution certaine et complète.

CHŒUR ET CRYPTE

La révolution dans l'art que fait présager la sacristie se montre accomplie dans le chœur. Les moulures, les chapiteaux à crochets, la simplicité noble et grandiose de l'ornementation, se rapportent au grand mouvement de rénovation qui se manifesta vers la fin du XIIe siècle et au commencement du XIIIe. Toutefois les fenêtres des chapelles du rond-point et les formerets des voûtes, bien que ces voûtes soient construites dans le système gothique, sont encore en plein cintre. Le plan de ces chapelles conserve la disposition générale en usage dans le siècle précédent. C'est une preuve de la persistance des traditions locales et de la résistance que l'art gothique devait rencontrer dans un pays où avait longtemps fleuri l'architecture romane.

Collatéral nord

Les colonnes monolithes du chœur diffèrent toutes de diamètre. On s'aperçoit que l'architecte attachait plus d'importance à la beauté des pierres qu'il employait qu'à la symétrie du plan. Quelques-unes de ces colonnes avaient de légers défauts : on s'est bien gardé de les faire disparaître en réduisant le diamètre des fûts, mais on a rempli les creux avec une sorte de mosaïque enfoncée dans un ciment fort dur, puis polie en même temps que le reste des fûts.

On remarquera que quelques-unes de ces colonnes conservent encore les tenons qui ont servi à fixer les cordages employés pour les transporter.

La partie antérieure de la crypte date du XIe siècle, et vraisemblablement le chœur de l'église de cette époque ne s'étendait pas fort au-delà. Elle fut réparée et agrandie au XIIIe siècle, à la suite de l'incendie dont nous avons souvent parlé. Les colonnes de la partie ancienne ont des chapiteaux simplement épannelés, dont la rudesse contraste avec l'élégance des chapiteaux à crochets de la restauration gothique. Les peintures dont on retrouve des traces dans la crypte ne paraissent pas appartenir à une époque antérieure au XIVe siècle. C'est la date la plus probable de ces fleurs de lis blanches sur fond rouge, au-dessus d'une draperie blanche, qui tapissent le réduit où l'on conservait, dit-on, les reliques de sainte Madeleine. Sur la voûte est figuré un petit appareil ; enfin sur les chapiteaux épannelés sont peintes des feuilles vertes, rehaussées de noir et de blanc. On distingue sur deux piliers du chœur les traces de figures peintes en détrempe sur la pierre, dans un encadrement également peint. Autant qu'on en peut juger, elles ont été exécutées au XVe siècle.

VOÛTES

Nous appellerons l'attention des architectes et des archéologues sur les particularités très importantes qu'on observe dans la structure des voûtes de la Madeleine.

Les voûtes de la nef sont d'arêtes, *barlongues*, engendrées par des berceaux en plein cintre, de diamètres inégaux, qui se pénètrent, et séparées par des arcs doubleaux au droit des piles. Si l'on se reporte à l'époque de la construction, c'est-à-dire à la seconde moitié du XIe siècle, lorsque dans l'Ile-de-France et dans plusieurs autres provinces on ne savait encore construire que des voûtes en berceau, ce système doit être considéré comme une tentative d'innovation et un progrès notable. On remarquera que certaines voûtes de l'église de Cluny étaient construites précisément de la même manière, ce qui semble indiquer un système particulier à cet ordre célèbre, qui l'aurait transmis à ses différentes communautés. A Vézelay, cependant, on ne tarda pas à reconnaître les vices de ce mode de construction, d'une exécution difficile, et qui exige des tâtonnements, en raison du diamètre différent des berceaux qui se pénètrent. Lorsqu'on éleva le porche, on adopta un système plus ingénieux : les voûtes furent complètement élevées sur des formerets et des arcs doubleaux en tiers-point. Ces voûtes, qui se composent de sphéroïdes formant des arêtes par leur pénétration, tiennent plutôt de la coupole que de la voûte d'arêtes proprement dite. Une d'elles, au-dessus de la tribune, à l'entrée du porche, présente cette singularité remarquable, qu'elle a été armée, dès l'époque de sa construction, d'arcs-ogives ou arêtes, d'ailleurs indépendants de la construction de la voûte sous laquelle ils ont été appliqués, vraisemblablement comme un moyen supplémentaire de résistance. Il est facile de comprendre qu'avec ce procédé on aurait pu construire des édifices qui, pour la hardiesse, la légèreté et l'élancement, auraient rivalisé avec ceux du système gothique.

... Les voûtes des bas-côtés et des chapelles de Vézelay furent peintes dès la construction primitive. Un débadigeonnage récent a fait découvrir de larges fragments de leur ornementation. Elle est exécutée à fresque sur l'enduit même des voûtes. Le ton de ces peintures est jaune et brun-rouge sur fond blanc.

Les voûtes des deux premières travées de la nef centrale avaient été réparées au XIVe siècle dans le système d'architecture de cette époque, et contrastaient complètement avec les voûtes romanes des autres travées de la nef et les voûtes gothiques du chœur. Elles se trouvèrent en si mauvais état qu'il fut reconnu absolument nécessaire de les déposer et de les reconstruire. Fallait-il les rétablir dans un système qui rompait désagréablement l'uniformité imposante de la nef, ou bien leur rendre leur forme primitive ? C'est ce dernier parti qui fut suivi, d'après un avis de la Commission des Monuments historiques. Les clefs sculptées de ces deux voûtes, seules parties qui offrissent quelque intérêt, ont été déposées dans une espèce de musée formé récemment dans la tribune du *Porche des Catéchumènes*, avec tous les fragments sculptés qui n'ont pu être employés dans la restauration.

ORNEMENTATION SCULPTÉE

La sculpture des tympans et des chapiteaux historiés, si nombreux dans l'église de Vézelay, nous paraît mériter une attention toute particulière. En effet elle présente des caractères très rares au moyen âge, et il est difficile de douter qu'il n'y ait eu dans cette abbaye, surtout au XIe siècle, une école d'artistes travaillant d'après des traditions inconnues ailleurs, ou bien recevant une direction originale qui ne paraît pas s'être étendue à d'autres monuments. Le choix des sujets n'est souvent pas moins extraordinaire que la manière dont ils sont exécutés. On sait que les sculpteurs du moyen âge n'ont traité dans les édifices religieux qu'un assez petit nombre de sujets, et presque toujours les mêmes ; les uns empruntés à l'Ancien et au Nouveau Testament, les autres à des légendes pieuses. Ajoutons-y des groupes d'animaux fantastiques, tirés des *Bestiaires* du temps, et quelques représentations symboliques si souvent répétées que l'interprétation devait en être familière, même au vulgaire. Outre ces compositions communes à tous les édifices du temps, l'église de la Madeleine en renferme d'autres où tout semble étrange et mystérieux. Il est probable que pour les moines mêmes de l'abbaye, ces bas-reliefs n'étaient intelligibles qu'au moyen d'une tradition orale, conservée dans leur cloître et qui n'est pas venue jusqu'à nous.

L'exécution des sculptures de Vézelay, surtout celle de la nef et du porche (XIe et XIIe siècles) se distingue encore par une intention dramatique, souvent très grossièrement exprimée, mais toujours évidente. Là, nul souvenir de ce calme majestueux de la statuaire antique, à peine altéré, ou même hiératiquement conservé par l'école byzantine. A Vézelay, les artistes ont cherché l'expression par le mouvement. Les gestes sont énergiques, souvent violents, et, malgré l'incorrection d'un art au berceau, on est frappé parfois de la vérité de la pantomime.

Si l'on s'arrête aux détails de l'exécution, on remarquera d'abord la longueur des figures, la gracilité de leurs membres et la grosseur exagérée des têtes. La plupart des chapiteaux de la nef et les bas-reliefs du porche sont profondément refouillés, mais peu modelés ; il semble que ce soient d'épaisses découpures appliquées sur un fond. Sous ce rapport, ces sculptures offrent quelque analogie avec les bas-reliefs égyptiens, et il est probable que les *imagiers* de Vézelay ont été guidés par la même pensée que les sculpteurs des Pharaons, celle d'assurer une longue durée à leurs ouvrages. Ils ont évité avec un grand soin les évidements ; et, quand ils avaient à faire un objet mince, le fût d'une lance, par exemple, ils l'ont laissé adhérent au fond de leur bas-relief, dont il se détache en saillie, à vives arêtes, de sept à huit centimètres. Malheureusement, à force de patience et d'efforts, les iconoclastes du XVIe et du XVIIIe siècle ont trompé la prévoyance de ces naïfs sculpteurs.

En examinant avec attention les chapiteaux de la nef et ceux du porche, on observe dans leur exécution des différences très marquées. Le progrès est sensible dans les seconds, mais les traditions locales se sont conservées pourtant, et, si l'art a fait des progrès, les artistes ont continué à travailler dans le même système. Des sculptures qu'on peut regarder comme contemporaines, soit dans la nef, soit dans le porche, trahissent des mains fort inégalement exercées. Il est évident qu'un certain nombre d'imagiers ont été employés à la fois pour la décoration du monument, et, comme on peut le penser, ils étaient loin d'avoir tous la même habileté. Il ne faut pas d'ailleurs chercher un ordre quelconque dans la distribution des chapiteaux. Non seulement deux compositions tirées de la même légende ne se suivent pas, mais encore on ne paraît pas s'être préoccupé de les disposer avec quelque symétrie. Les chapiteaux à feuillages succèdent au hasard à des chapiteaux historiés. Probablement l'architecte, après avoir indiqué les proportions et le galbe général, s'en rapportait au goût des imagiers pour l'exécution, peut-être pour le choix des sujets. On a lieu de croire qu'aussitôt qu'un chapiteau était terminé, il était mis en œuvre, sans qu'on fît grande attention à lui assigner la place la plus favorable. C'est ainsi que quelques-uns des mieux sculptés ont été placés à une hauteur telle, que sans échafaud on a peine à juger de la finesse du travail.

La balance, chapiteau de la nef.

Les significations du grand tympan de Vézelay

ÉMILE MÂLE

L'historien d'art Émile Mâle, de l'Académie française (1862-1954), a étudié avec une remarquable perspicacité l'iconographie religieuse au moyen âge et ses intentions liturgiques, historiques et morales. Le texte suivant est extrait de son grand ouvrage : L'Art religieux du XIIe siècle en France. *Paris, A. Colin, 1922.*

De tous ces résumés du monde, imaginés par les artistes de la Bourgogne au XIIe siècle, nul n'est plus magnifique que celui qui se voit au grand portail de Vézelay. Aucune œuvre n'a semblé plus mystérieuse aux historiens de l'art, aucune n'a été plus diversement interprétée. On y a vu, tour à tour, un souvenir de la croisade prêchée par saint Bernard, une représentation des sept églises de l'Apocalypse, une image de l'Église chrétienne préfigurée par des personnages de l'Ancien Testament.

Il y a, certes, plus d'un détail étrange dans cette vaste composition ; mais, comme on va le voir, le sens général ne saurait en être douteux.

Dans le demi-cercle du tympan, un Christ gigantesque apparaît. De ses mains ouvertes s'échappent de longs rayons qui viennent frapper les apôtres assis à ses côtés : c'est la Descente du Saint-Esprit le jour de la Pentecôte. Il a paru singulier de voir les rais de feu partir du Christ lui-même, et non de la colombe symbolique, comme ce sera plus tard la tradition, et l'on s'est demandé s'il s'agissait bien réellement de la Descente du Saint-Esprit. Aucune hésitation pourtant n'est possible, car, au XIIe siècle, la scène a été plusieurs fois figurée de la sorte. Une fresque de la chapelle Saint-Gilles de Montoire, dans la vallée du Loir, nous montre une représentation de la Pentecôte pareille à celle du portail de

Vézelay : le Christ est assis dans une grande auréole, et de ses doigts s'échappent des torrents de feu qui tombent sur le front des apôtres. Mais il est un exemple plus significatif encore. Au commencement du XIIe siècle, il y avait à l'abbaye de Cluny, l'abbaye mère de Vézelay, un lectionnaire orné de miniatures où la Pentecôte est représentée. Ce manuscrit est aujourd'hui à la Bibliothèque nationale. Or, la Descente du Saint-Esprit y est conçue comme à Vézelay : le Christ dans une auréole, les deux bras largement ouverts, envoie de ses deux mains des rayons de feu sur la tête des apôtres, et il dit : *Ecce ego mittam promissum patris mei in vos.* — « Voici que j'enverrai sur vous celui que mon père vous a promis. » Ainsi, au XIIe siècle, on représentait volontiers le Christ lui-même envoyant son Saint-Esprit sur les apôtres.

La partie centrale du tympan de Vézelay ne saurait donc être l'objet d'aucune controverse ; sa signification est certaine. Mais quel est le sens des scènes singulières qui se déroulent autour du tympan ? Des compartiments enferment deux, trois, parfois quatre personnages, qui semblent, avec des gestes passionnés, se communiquer une étonnante nouvelle. Il est visible que tous ces personnages sont en rapport étroit avec la scène principale qui est la Descente du Saint-Esprit.

L'examen des représentations byzantines de la Pentecôte va nous mettre sur la voie de l'explication véritable. En Grèce, à Saint-Luc de Phocide, en Italie, à Saint-Marc de Venise, des mosaïques du XIe siècle, qui se ressemblent fort, nous montrent la Descente du Saint-Esprit. Les rayons émanent non du Christ seul, mais de la Trinité tout entière, figurée par un trône, un livre et une colombe : le trône est la majesté du Père, le livre la parole du Fils, la colombe l'image du Saint-Esprit. Les rais de feu descendent sur les apôtres, mais, sous leurs pieds, on aperçoit d'autres personnages encore, que des inscriptions nomment ϱυλαι, les tribus et γλωσσαι, les langues. Ce sont les peuples auxquels les apôtres vont porter l'Évangile et dont ils parleront la langue sans l'avoir apprise.

Il y a longtemps que l'art oriental associait les nations païennes à la scène de la Pentecôte. On les reconnaît dans une des miniatures du fameux saint Grégoire de Nazianze de la Bibliothèque nationale, qui remonte au IXe siècle. Mais cette miniature elle-même n'est probablement qu'une copie abrégée d'une des mosaïques qui décoraient, au VIe siècle, l'église des Saints-Apôtres à Constantinople. Un poète, Constantin le Rhodien, un prosateur, Mésaritès, nous ont décrit cette magnifique église du temps de Justinien avec ses cinq coupoles. Dans chacune d'elles, il y avait une mosaïque que nous connaissons, grâce surtout à Mésaritès, jusque dans ses détails. Nous apprenons ainsi qu'au-dessous de la Pentecôte on voyait chacun des douze apôtres enseignant l'Évangile à une nation différente. C'est donc au siècle de Justinien que

La musique profane, chapiteau de la nef.

remonte l'idée d'associer à la Descente du Saint-Esprit tous les peuples de la terre.

Des manuscrits à miniatures répandirent le thème de la prédication des apôtres. Plusieurs manuscrits grecs, parmi lesquels il faut citer un psautier du XIe siècle conservé au musée Britannique, nous montrent, comme dans la mosaïque de Constantinople, chaque apôtre parlant à un groupe d'hommes qui représente une nation. Les costumes de ces groupes diffèrent : les uns portent la tunique courte, les autres, une longue robe qui descend jusqu'aux pieds; il en est qui ont la tête nue, d'autres qui sont coiffés de bonnets.

Que ce soient ces différents peuples de la terre que le sculpteur de Vézelay ait disposés autour du tympan de la Pentecôte, il n'y a pas à en douter. Et on ne saurait douter non plus que l'idée première de sa composition ne lui soit venue des miniatures d'un manuscrit byzantin. La preuve en est écrite dans le bas-relief lui-même. Dans le manuscrit de Londres, en effet, les hommes qu'évangélise saint Barthélemy, et qui, suivant la tradition, sont des Arméniens, ont aux pieds les chaussures les plus singulières : elles ont la forme de petits bancs. Or, les personnages d'un des compartiments du tympan de Vézelay ont des chaussures pareilles. Il y a là une rencontre qu'on ne saurait attribuer au hasard.

Mais, si l'idée a été empruntée à l'art byzantin, la vie et le mouvement de ces petites scènes appartiennent en propre au sculpteur de Vézelay. Rien n'est plus monotone que les miniatures du *Psautier* de Londres; les personnages, serrés les uns contre les autres, écoutent la parole de l'apôtre en faisant un geste vague de la main. A Vézelay, ils discutent avec vivacité sur ce qu'ils viennent d'entendre, ou transcrivent sur le parchemin des discours si nouveaux pour eux. Toutefois, certains gestes, certaines attitudes sont d'une bizarrerie qui d'abord déconcerte. On voit deux personnages qui se montrent leurs jambes nues, tandis qu'un troisième, dans l'attitude du tireur d'épine antique, contemple son pied. Tout à côté, un autre personnage montre son bras à un compagnon, qui, la main ouverte sur sa poitrine, exprime son étonnement. Ce mystère pourtant n'est pas inexplicable. On lit dans un sermon d'Honorius d'Autun pour le jour de la Pentecôte : « Ils se convertissaient en grand nombre à la foi par des signes et des prodiges... Car, par la vertu de l'Esprit-Saint, les apôtres rendaient la lumière aux aveugles, ouvraient les oreilles des sourds, déliaient les langues des muets, faisaient marcher les boiteux, guérissaient les lépreux, chassaient les démons, ressuscitaient les morts. » Le sculpteur de Vézelay a représenté quelques-uns de ces miracles qui convertissaient les peuples; les scènes que nous ne savions comment expliquer nous montrent des boiteux, des lépreux ou des paralytiques guéris. La femme que l'on conduit avec précaution par la main est peut-être une aveugle qui va recouvrer la vue.

Mais, dans un des compartiments du haut, une nouvelle énigme surgit : on voit là deux hommes à tête de chien. Que viennent faire ces monstres parmi les nations qui reçoivent l'Évangile ? Dans la pensée de l'artiste, ces êtres étranges sont, eux aussi, des fils d'Adam ; ils sont appelés comme tous les peuples, et, comme eux, ils doivent entendre la parole de Dieu. Ce sont, à n'en pas douter, les cynocéphales de l'Inde. Les cynocéphales peuvent-ils être considérés comme des êtres humains ? participent-ils à la rédemption ? — C'est un problème que le moyen âge a agité. Ratrame, moine de Corbie, au temps de Louis le Débonnaire, a écrit une longue lettre à ce sujet. Il répond aux questions d'un missionnaire prêt à partir pour les pays du Nord, saint Rimbert, qui s'attendait sans doute à rencontrer des êtres à moitié hommes et à moitié bêtes dans la nuit cimmérienne où il allait pénétrer. Suivant Ratrame, les cynocéphales participent à la raison humaine ; les Anciens nous ont rapporté, dit-il, qu'ils avaient des troupeaux, qu'ils savaient tisser leurs vêtements, qu'ils formaient une nation véritable. Il ajoute un argument singulier qu'il emprunte à la légende orientale : saint Christophe, ce vaillant martyr du Christ, était, nous dit-on, un cynocéphale. Ainsi, ce pauvre peuple dégénéré descend d'Adam comme le reste des hommes, et un poète latin du XIIe siècle nous explique que cette dégradation est une conséquence de la chute. On comprend maintenant, sans peine, que le sculpteur de Vézelay ait mis les cynocéphales au nombre des peuples qui attendent l'Évangile : ils étaient réservés à saint Thomas, l'apôtre de l'Inde.

Mais ce n'est pas tout. Cette assemblée des nations de la terre se continue au linteau, et, là encore, nous retrouvons l'ethnographie fabuleuse, chère aux artistes clunisiens. Nous reconnaissons d'abord ces peuples scythiques aux oreilles démesurées, qu'Isidore de Séville appelle les Panotii : on les voit enveloppés par leurs oreilles comme par les valves d'un coquillage. Plus loin, un personnage minuscule applique une échelle au flanc d'un cheval pour se hisser jusqu'à la selle : c'est à n'en pas douter, un de ces pygmées dont Isidore de Séville et Honorius d'Autun avaient transmis le souvenir au moyen âge. Tous ces peuples, et d'autres qu'il n'est pas possible de nommer, sont en marche vers deux hautes figures debout presque au milieu du linteau. On reconnaît saint Pierre à ses clefs et à ses pieds nus ; quant à la figure voisine, ce n'est pas sainte Madeleine, comme on le répète, c'est un autre apôtre, car il a lui aussi les pieds nus. L'apôtre associé à saint Pierre ne peut être que saint Paul. Saint Pierre et saint Paul ont ici une haute signification : ils ne sont pas seulement les plus fameux d'entre les missionnaires de l'Évangile, ils sont le symbole de Rome elle-même et de l'unité de la foi. C'est l'Église romaine accueillant tous les peuples.

L'autre moitié du linteau est plus difficile à expliquer. On y voit une file de personnages qui portent l'arc et le carquois : l'un d'eux est à demi nu. Ce sont encore des peuples sauvages qui viennent des extrémités de la terre. Devant eux, marchent des hommes chargés d'offrandes : ils portent un pain, un poisson, un seau, une grande coupe ; et, en tête, des sacrificateurs, armés de la hache, conduisent un taureau. Un grand prêtre paraît les attendre : il est adossé au trumeau, comme saint Pierre et saint Paul, mais il est plus petit qu'eux. Il semble que nous ayons là une image du monde païen qui n'a pas encore reçu la révélation, mais sur qui va descendre bientôt la parole divine.

La grande statue, debout au milieu du trumeau, achève le sens de ce vaste ensemble : elle représente saint Jean-Baptiste portant dans une auréole l'agneau aujourd'hui détruit. Saint Jean est ici l'image du baptême, sans lequel on ne peut entrer dans l'Église. Il faut donc que tous ces peuples qui viennent au Christ passent par le baptême. Dans son sermon sur la Pentecôte, Odilon, abbé de Cluny, rappelle que saint Jean-Baptiste a dit : « Je vous baptise par l'eau, mais celui qui viendra après moi vous baptisera par l'Esprit-Saint et par le feu. » Ainsi se trouve justifiée la présence de saint Jean-Baptiste dans une scène consacrée à la Pentecôte [1].

Le portail de Vézelay, réputé mystérieux, paraîtra maintenant facile à comprendre dans ses grandes lignes, sinon dans tous ses détails. Il nous montre, autour de la Descente du Saint-Esprit, tous les peuples de la terre, et même les peuples de la fable ; les uns ont déjà reçu la parole et éprouvé par des miracles la vertu de l'Évangile ; les autres semblent l'attendre encore et demeurent fidèles à leurs antiques erreurs, mais la parole les atteindra à leur tour, car l'Église a les siècles devant elle. C'est pourquoi un grand zodiaque, image de la durée, entoure ce tableau de la conquête du monde par l'Évangile.

L'idée première de cette grande composition est byzantine, mais l'artiste de Vézelay l'a animée d'une vie qu'elle n'eut jamais dans les mosaïques des coupoles, encore moins dans les miniatures des manuscrits. Dans ce tympan que domine la formidable figure du Christ, tout est passion, souffle et flamme. Les tuniques des Apôtres sont soulevées par ce grand vent qui entra dans le cénacle, disent les *Actes*, en même temps que les rayons de feu. Mais il y a surtout une flamme de charité. Ces peuples au visage de bête ne font pas sourire ceux qui ont compris la grave pensée de l'artiste. Il veut nous dire que la parole divine doit descendre jusqu'aux limites de l'animalité ; d'un être

1. Quand aux apôtres que l'on voit groupés deux à deux sous le tympan de chaque côté du portail, il semble que ce soient les apôtres s'entretenant une dernière fois avant de se séparer pour aller évangéliser le monde.

déchu l'Évangile fera un fils de Dieu. On respire là l'enthousiasme du missionnaire chrétien prêt à donner sa vie pour sauver l'âme du sauvage le plus dégradé.

Ainsi, à Vézelay, grâce au génie clunisien, la fabuleuse ethnographie des Anciens a pris une signification profonde.

La mort du mauvais riche, chapiteau de la nef.

Dernières hypothèses sur la construction de la basilique

FRANCIS SALET

M. Francis Salet, conservateur du musée de Cluny à Paris, a repris l'examen méthodique de la basilique et formulé d'ingénieuses suggestions sur les étapes de sa construction dans l'ouvrage intitulé : La Madeleine de Vézelay *(Paris, 1948).*

Le sinistre de 1120 avait probablement détruit la nef carolingienne, respectant les constructions voûtées de 1104 et cette hypothèse s'accordait avec les récits de l'incendie. Avant même de déblayer les décombres, on entreprit d'élever la nouvelle nef en commençant par la façade. Je crois en effet que les travaux se sont poursuivis de l'ouest vers l'est et qu'il est facile d'en donner la preuve. Le plan présente des irrégularités : dans la partie orientale, les demi-colonnes adossées aux murs des bas-côtés ne se trouvent pas en face des piles centrales, mais un peu décalées vers l'ouest, et l'écart va croissant quand on approche du transept. Il faut sans doute en conclure que les murs collatéraux furent montés d'abord, comme il arrive assez souvent, mais aussi qu'ils l'ont été de la façade vers le chœur : comment, en effet, les travées près du transept seraient-elles le plus irrégulières si elles avaient été fondées avant les autres ? On comprend fort bien au contraire qu'une légère erreur dans la distance entre les colonnes engagées des bas-côtés ait amené, de l'ouest à l'est, un retard de plus en plus marqué de ces colonnes par rapport aux piliers du vaisseau central. Une autre preuve de ce que j'avance, c'est la façon dont la dernière arcade de la nef retombe de chaque côté sur les piles d'entrée du transept d'Artaud : la nef étant plus large que la croisée, l'architecture a dû gauchir ces arcades pour les mettre en face des supports anciens ; la construction, à peu près correcte au nord, ne l'est aucunement au sud où le gauchissement de l'arc, si sensible qu'il soit, ne peut faire qu'il ne tombe en dehors de l'axe de la pile[1]; ce serait inexplicable si les travaux avaient commencé au transept, car rien n'obligeait le maître de l'œuvre à élargir brusquement sa nef; c'est au contraire naturel s'il est parti de la façade, donnant au vaisseau telles dimensions qui lui plaisaient et se trouvant dans la dernière travée assez embarrassé pour faire le raccord avec l'œuvre de son prédécesseur. Pareille imprévoyance est fréquente au Moyen Age.

Nous admettrons donc que la construction a commencé à l'ouest. Les débris calcinés de la nef carolingienne, moins longue sans doute que celle d'aujourd'hui, ne devaient guère gêner et l'on a pu monter la façade dès le lendemain de l'incendie. Les travaux se sont ensuite poursuivis jusqu'à la croisée dans un laps de temps qui dut être assez court : une quinzaine ou une vingtaine d'années. La nef date par conséquent de 1120 à 1135 ou 1140 environ.

En 1120, dès le lendemain de l'incendie, on construit le mur de façade avec les colonnes sur dosserets destinées à porter les arcades du porche; trois au moins de ces arcades sont amorcées. On met en place l'étage inférieur du grand portail avec la statue de saint Jean-Baptiste au trumeau. Au-dessus l'architecte a sans doute prévu deux baies en plein cintre sous un arc de décharge. On perce les portes latérales qui seront décorées, comme la porte centrale, de colonnes aux piédroits et couronnées soit de tympans beaucoup moins élevés et développés que ceux d'aujourd'hui, soit de frontons dont l'un au moins est en cours d'exécution. Dans le mur qui se dresse au-dessus et dont seul le parement intérieur est monté, on a réservé les baies qui donneront accès à la chapelle Saint-Michel.

Mais pendant que l'atelier travaille à réaliser cette première pensée, voilà que le maître de l'œuvre, ou bien son successeur, décide de bouleverser les plans. Pour donner plus de beauté au portail principal ou pour en alléger les proportions, il renonce au porche qui n'aurait pas assez de hauteur et il s'attache dès lors à l'idée d'un narthex sans doute aussi long, certainement aussi haut que celui d'aujourd'hui. Mais il en diffère la construction, car d'abord il faut bâtir la nef. Il ne fait donc que rectifier les dosserets et les prolonge, ainsi que les colonnes engagées, jusqu'au niveau où naîtront les arcades, mais il remet à plus tard de les surmonter de chapiteaux. Puis il ajoute au grand portail un étage intermédiaire, au centre duquel il insère le Saint-Jean-Baptiste qu'il remplace au-dessous par un pilastre cannelé. Le tympan qu'il fait exécuter et poser donne à la composition une ampleur magnifique. Au niveau où s'éta-

1. Le haut du mur ne suit pas le gauchissement de l'arcade de sorte que l'extrémité du cordon de rosaces qui divise l'élévation se trouve dissimulée.

Saint-Pierre et Saint-Pau
chapiteau de narthex

S PAV

bliront maintenant les voûtes latérales du narthex, les deux baies ouvertes dans la façade ne peuvent jouer aucun rôle ; il les fait murer. Quant au décor des portails latéraux, petits tympans ou frontons, il paraîtra mesquin sous le haut mur nu qui se développe désormais au-dessus d'eux ; l'architecte décide de leur donner plus d'importance : il met en place des tympans très élevés dont il augmente encore le volume par de larges voussures. Plus de richesse s'impose alors aux ornements des piédroits : il fait sculpter le sommet des chambranles et remplace les colonnes prévues par des pilastres dont les chapiteaux moins trapus sont beaucoup plus décoratifs.

La façade se trouve ainsi terminée et l'on peut s'occuper d'élever la nef. Lorsque, vingt ans plus tard, on commencera la construction du narthex, il suffira de placer des chapiteaux sur les colonnes engagées qui encadrent les portails et d'y asseoir les arcades et les voûtes.

Peut-être ce système paraît-il arbitraire et compliqué. Je ne méconnais pas ce qu'il contient d'hypothèses, mais je les donne comme telles, pensant que pour restituer un projet modifié aussitôt qu'entrepris, on ne saurait procéder autrement que par suppositions.

Promenade à Vézelay

ROMAIN ROLLAND

Né à Clamecy en 1866, Romain Rolland est mort à Vézelay le 30 décembre 1944. Ainsi qu'en témoignent les pages suivantes, qui datent de l'époque où il composait Colas Breugnon, *l'écrivain éprouvait un attachement particulier pour la basilique auprès de laquelle il voulut finir ses jours (Extrait du* Journal *de Romain Rolland publié sous le titre :* De Jean-Christophe à Colas Breugnon, *Paris, 1946).*

... D'Avallon à Vézelai, en voiture. A Vézelai, ma mère vient me retrouver en auto, et nous rentrons, ensemble, à Clamecy. J'aime assez l'étroite vallée du Cousin qui serpente entre des collines de granit, d'Avallon à Pontaubert, et la belle arche de pierre lancée sur la Cure, à Pierre-Perthuis. Mais ce qui m'a plu le plus, c'est l'église de Saint-Père. La première fleur d'art, gracieuse et parfaite, que je rencontre, au cours de ce petit voyage (à l'exception d'Autun). A peine je l'aperçois, c'est comme si des labours et des chaumes surgissait un rosier merveilleux, ou comme si je rencontrais, au détour de la route, une belle fille de la race du Quattrocento. Malheureusement, ici encore je remarque l'indifférence de l'artiste au lieu pour lequel il a élevé son œuvre. Et l'apparition de Vézelai sur sa montagne confirme cette impression : quelle vision grandiose aurait pu être cette robuste cathédrale dominant la région ! Et elle ne l'est point. Sans doute, il faut en attribuer la faute, pour une part, aux dévastations qui ont mutilé Vézelai. Mais je crois bien que la cause principale en est le style même de l'œuvre, au profil massif et monotone. A peine si les deux tours se dégagent de cette masse horizontale. Un corps couché, sans tête... Tout l'effet de la cathédrale, toute sa magnificence est à l'intérieur. Là elle atteint aux sommets de l'art. Dans nul autre édifice médiéval, je n'ai vu plus de force harmonieuse, une majesté souveraine unie à un sens exquis des proportions. Combien ce style roman me paraît plus viril que le gothique ! La coloration (ou décoloration) rose de la pierre anime encore le visage de l'œuvre. Nous avons pour guide un vieux homme de 76 ans, qui a travaillé pendant seize ans à Vézelai sous la direction de Viollet-le-Duc et qui est amoureux de son église. Promenade autour des murs, sous les superbes ombrages des noyers et des tilleuls. Mais le panorama, immense, est comme presque tous ceux d'ici, sans individualité. De monotones collines, d'un gris poussiéreux au faîte (chaumes), bariolées de rouge et de vert sur les côtes (labours et pâturages), une lumière cendrée qui étouffe les reflets et les formes, un horizon sans bornes, mais qui n'attire point et ne semble pas vivre. Et pourtant, que de souvenirs, en ces pays de France! Tous les fastes du passé, Gérard de Roussillon, Philippe Auguste, saint Louis, saint Bernard, les croisades. Les ruelles de Vézelai, les chemins de Pierre-Perthuis, portent encore les traces de leurs pas.

Septembre 1913.

Intérieur de la nef de l'église Notre-Dame.

III

Vézelay dans la foi

Sainte Marie-Madeleine, pécheresse (22 juillet)

JACQUES DE VORAGINE

Le bienheureux Jacques de Voragine, né à Varazze (Varagium, d'où Voragine) près de Gênes (1230-1298), entra dans l'ordre des Dominicains dès l'âge de quatorze ans et fut nommé archevêque de Gênes en 1292. Le plus célèbre de ses ouvrages, La Légende dorée (Legenda aurea), *en réalité « Légende d'or » a fait l'objet d'innombrables éditions manuscrites ou imprimées, ainsi que de traductions dans les principales langues européennes. C'est un recueil de vies de saints, tirées souvent de la tradition populaire, extrêmement important pour éclairer l'hagiographie du moyen âge. La Vie de sainte Madeleine constitue le quatre-vingt-quinzième chapitre de* La Légende Dorée. *(Traduction de Teodor Wyzewa, 1902.)*

I. Marie-Madeleine naquit de parents nobles, et qui descendaient de famille royale. Son père s'appelait Syrus, sa mère Eucharie. Avec son frère Lazare et sa sœur Marthe, elle possédait la place forte de Magdala, voisine de Genézareth, Béthanie, près de Jérusalem, et une grande partie de cette dernière ville ; mais cette vaste possession fut partagée de telle manière que Lazare eut la partie de Jérusalem, Marthe, Béthanie, et que Magdala revint en propre à Marie, qui tira de là son surnom de Magdeleine. Et comme Madeleine s'abandonnait tout entière aux délices des sens, et que Lazare servait dans l'armée, c'était la sage Marthe qui s'occupait d'administrer les biens de sa sœur et de son frère. Tous trois, d'ailleurs, après l'ascension de Jésus-Christ, vendirent leurs biens et en déposèrent le prix aux pieds des apôtres.

Autant Madeleine était riche, autant elle était belle ; et elle avait si complètement livré son corps à la volupté qu'on ne la connaissait plus que sous le nom de la Pécheresse. Mais, comme Jésus allait prêchant

La mort de Lazare, chapiteau de la nef.

çà et là, elle apprit un jour, sous l'inspiration divine, qu'il s'était arrêté dans la maison de Simon le Lépreux ; et aussitôt elle y courut ; mais, n'osant pas se mêler aux disciples, elle se tint à l'écart, lava de ses larmes les pieds du Seigneur, les essuya de ses cheveux et les oignit d'un onguent précieux : car l'extrême chaleur forçait les habitants de cette région à se servir, plusieurs fois par jour, d'eau et d'onguent. Et comme le pharisien Simon s'étonnait de voir qu'un prophète se laissât toucher par une prostituée, le Seigneur le blâma de son orgueilleuse justice, et dit que tous les péchés de cette femme lui étaient remis. Et depuis lors, il n'y eut point de grâce qu'il n'accordât à Marie-Madeleine, ni de signe d'affection qu'il ne lui témoignât. Il chassa d'elle sept démons, il l'admit dans sa familiarité, il daigna demeurer chez elle, et, en toute occasion, se plut à la défendre. Il la défendit devant le pharisien qui la disait impure, et devant sa sœur Marthe, qui l'accusait de paresse, et devant Judas, qui lui reprochait sa prodigalité. Et il ne pouvait la voir pleurer sans pleurer lui-même. C'est par faveur pour elle qu'il ressuscita son frère, mort depuis quatre jours, qu'il guérit Marthe d'un flux de sang dont elle souffrait depuis sept ans, et qu'il choisit la servante de Marthe, Martille, pour prononcer cette parole mémorable : « Bienheureux le ventre qui t'a porté ! » Madeleine eut aussi l'honneur d'assister à la mort de Jésus, au pied de la croix ; c'est elle qui oignit de parfum le corps de Jésus après sa mort, et qui resta près du tombeau tandis que tous les disciples s'en étaient éloignés, et à qui Jésus ressuscité apparut tout d'abord.

Après l'ascension du Seigneur, la quatorzième année après la Passion, les disciples se répandirent dans les diverses contrées pour y semer la parole divine ; et saint Pierre confia Marie-Madeleine à saint Maximin, l'un des soixante-douze disciples du Seigneur. Alors saint Maximin, Marie-Madeleine, Lazare, Marthe, Martille, et avec eux saint Cédon, l'aveugle-né guéri par Jésus, ainsi que d'autres chrétiens encore, furent jetés par les infidèles sur un bateau et lancés à la mer, sans personne pour diriger le bateau. Les infidèles espéraient que, de cette façon, ils seraient tous noyés à la fois. Mais le bateau, conduit par la grâce divine, arriva heureusement dans le port de Marseille. Là, personne ne voulut recevoir les nouveaux venus, qui s'abritèrent sous le portique d'un temple. Et, lorsque Marie-Madeleine vit les païens se rendre dans leur temple pour sacrifier aux idoles, elle se leva, le visage calme, se mit à les détourner du culte des idoles et à leur prêcher le Christ. Et tous l'admirèrent, autant pour son éloquence que pour sa beauté : éloquence qui n'avait rien de surprenant dans une bouche qui avait touché les pieds du Seigneur.

II. Or le chef de la province se rendit dans le temple pour sacrifier aux idoles, espérant obtenir ainsi un enfant, car son mariage était resté sans fruit. Mais Madeleine, par sa prédication, les dissuada de sacrifier aux idoles. Et, quelques jours après, elle apparut en rêve à la femme de ce chef et lui dit : « Pourquoi, étant riches, laissez-vous mourir de faim et de froid les serviteurs de Dieu ? » Et elle la menaça de la colère divine si elle se refusait à faire en sorte que son mari devînt plus charitable. Mais la femme eut peur de parler à son mari de cette vision. Madeleine lui apparut encore la nuit suivante ; et, de nouveau, elle négligea d'en avertir son mari. Enfin, la troisième nuit, Madeleine se montra, tout irritée et le visage enflammé, et elle lui reprocha amèrement la dureté de son cœur. La femme se réveilla toute tremblante et vit que son mari tremblait aussi. « Seigneur, lui dit-elle, as-tu vu de ton côté ce que j'ai vu en rêve ? » Et le mari répondit : « J'ai vu la chrétienne, qui m'a reproché mon manque de charité, et m'a menacé de la colère divine. Que devons-nous faire ? » Et la femme : « Mieux vaut lui obéir que d'encourir la colère de son Dieu ! » Ils donnèrent donc l'hospitalité aux chrétiens, et promirent de pourvoir à tous leurs besoins.

Un jour que Marie-Madeleine prêchait, ce même chef lui dit : « Te crois-tu en état de défendre la foi que tu prêches ? » Et elle : « Certes, je suis prête à défendre une foi qui se trouve encore fortifiée tous les jours par les miracles et la prédication de mon maître Pierre, l'évêque de Rome ! » Alors le chef et sa femme lui dirent : « Nous t'obéirons en toute chose si tu parviens à obtenir pour nous, de ton Dieu, la naissance d'un fils. » Et Marie-Madeleine pria le Seigneur pour eux, et sa prière fut entendue, car bientôt la femme se trouva enceinte.

Alors le chef résolut de se rendre auprès de Pierre, pour savoir de lui si ce que Madeleine disait du Christ était vrai. Et sa femme lui dit : « Eh ! quoi, mon ami, penses-tu donc partir sans moi ? » Et lui : « Je ne puis songer à te prendre avec moi, car tu es enceinte, et les dangers de la mer sont grands ! » Mais elle insista si fort, comme savent faire les femmes, et se jeta à ses pieds avec tant de larmes, qu'elle finit par obtenir ce qu'elle demandait. Madeleine fit sur eux le signe de la croix, pour les mettre à l'abri des pièges du démon, et ils partirent, laissant à la garde de Madeleine tout ce qu'ils n'emportaient pas avec eux sur le bateau. Or, après un jour et une nuit du voyage, la mer se leva, la tempête souffla ; et la femme du chef, accablée de frayeur et toute secouée par l'orage, enfanta un fils avant le terme naturel, et, l'ayant enfanté, mourut. Quant à l'enfant nouveau-né, il tremblait de faim, cherchait vainement le sein maternel et poussait des cris lamentables. Le malheureux père se désespérait, disant : « Hélas ! que vais-je faire ? J'ai désiré avoir un fils, et voilà que, par ce désir, j'ai perdu à la fois ma femme et mon fils ! » Cependant les matelots s'écriaient : « Qu'on jette à la mer ce cadavre, car aussi longtemps qu'il sera avec nous la tempête continuera à nous tourmenter ! » Déjà même ils s'étaient emparés du cadavre pour le jeter à la mer, malgré les supplications du pèlerin, lorsque apparut à l'horizon une terre inconnue. L'apercevant, le pèlerin obtint des matelots, à force de prières et de promesses, qu'on transportât sur cette terre le cadavre de sa femme et l'enfant nouveau-né. On aborda donc, et l'on se mit en devoir de creuser une fosse. Mais le sol était si dur qu'on ne pouvait le creuser ; de telle sorte que le pèlerin enveloppa le cadavre dans un manteau, et le disposa dans un endroit écarté, après lui avoir placé l'enfant sur la poitrine. Puis, après avoir invoqué l'aide de Marie-Madeleine, il remonta à bord et poursuivit sa route.

Quand il arriva auprès de Pierre, celui-ci vint à sa rencontre ; et, voyant sur son manteau le signe de la croix, il lui demanda qui il était et d'où il venait. Le pèlerin lui raconta toute son histoire. Et Pierre : « Que la paix rentre en toi, et prends ton mal en patience ! Ta femme dort et son enfant avec elle. Mais Dieu est puissant : il peut tout enlever et tout rendre. Il pourra, s'il le veut, changer ta tristesse en joie. » Pierre le conduisit ensuite à Jérusalem, lui montra tous les lieux où le Christ avait prêché et fait des miracles, le lieu de sa passion et celui de son ascension ; et pendant deux ans il l'instruisit dans la foi. Après quoi le pèlerin reprit la mer pour rentrer dans sa patrie. Et comme, sur l'ordre de Dieu, le vent avait poussé de nouveau le bateau près de l'île où avaient été déposés la femme morte et l'enfant, le pèlerin obtint des matelots la permission d'y aborder.

Or, le petit garçon, dont Marie-Madeleine s'était chargée, et sur qui elle veillait de loin pour le maintenir en vie, venait souvent jouer dans le sable du rivage ; et le pèlerin, en approchant de l'île, fut très surpris de voir cet enfant en un tel lieu. L'enfant, de son côté, n'ayant jamais vu aucun homme, prit peur, et se réfugia auprès de sa mère morte, dont il téta le sein à son habitude. Et le pèlerin, s'étant approché, aperçut sa femme, qui semblait dormir, et un bel enfant qui lui tétait le sein. Alors il prit l'enfant dans ses bras et s'écria : « O bienheureuse Marie-Madeleine, combien ma joie serait grande si seulement ma femme vivait encore et pouvait rentrer avec moi dans notre patrie ! Et je sais que toi, qui m'as donné un enfant, et qui pendant deux ans as veillé sur lui, tu aurais le pouvoir d'obtenir du ciel que la vie fût rendue à la mère ! » A peine avait-il ainsi parlé que sa femme ouvrit les yeux, comme si elle s'éveillait, et dit : « Bénie sois-tu, Marie-Madeleine, qui m'as tenu lieu de sage-femme dans mes couches et m'as fidèlement secourue dans tous mes besoins ! » Et le pèlerin stupéfait : « Es-tu donc vivante, ma femme chérie ? » Et elle : « Oui, certes ; et je reviens à présent du pèlerinage dont tu reviens toi-même. Et, quand saint Pierre te conduisait dans Jérusalem, te montrant tous les lieux où a vécu et est mort le Christ, j'étais là aussi, sous la conduite de sainte Marie-Madeleine. » Le pèlerin, ravi de joie, remonta sur le bateau avec sa femme et son enfant ; et, peu de

Les Panotii, portail central du narthex.

temps après, ils entrèrent dans le port de Marseille. Ils trouvèrent là Marie-Madeleine occupée à prêcher avec ses disciples. Se jetant à ses pieds, ils lui racontèrent tout ce qui leur était arrivé; et saint Maximin les baptisa solennellement.

Alors les habitants de Marseille détruisirent tous les temples des idoles, qu'ils remplacèrent par des églises chrétiennes; et, d'un consentement unanime, ils nommèrent Lazare évêque de Marseille. Puis Marie-Madeleine et ses disciples se rendirent à Aix, où, par de nombreux miracles, ils convertirent le peuple à la foi du Christ; et saint Maximin y fut élu évêque.

III. Cependant sainte Marie-Madeleine, désireuse de contempler les choses célestes, se retira dans une grotte de la montagne, que lui avait préparée la main des anges, et pendant trente ans elle y resta à l'insu de tous. Il n'y avait là ni cours d'eau, ni herbe, ni arbre; ce qui signifiait que Jésus voulait nourrir la sainte des seuls mets célestes, sans lui accorder aucun des plaisirs terrestres. Mais, tous les jours, les anges l'élevaient dans les airs, où, pendant une heure, elle entendait leur musique; après quoi, rassasiée de ce repas délicieux, elle redescendait dans sa grotte, sans avoir le moindre besoin d'aliments corporels.

Or, certain prêtre, voulant mener une vie solitaire, s'était aménagé une cellule à douze stades de la grotte de Madeleine. Et, un jour, le Seigneur lui ouvrit les yeux, de telle sorte qu'il vit les anges entrer dans la grotte, prendre la sainte, la soulever dans les airs et la ramener à terre une heure après. Sur quoi le prêtre, afin de mieux constater la réalité de sa vision, se mit à courir vers l'endroit où elle lui était apparue; mais, lorsqu'il fut arrivé à une portée de pierre de cet endroit, tous ses membres furent paralysés; il en retrouvait l'usage pour s'en éloigner, mais, dès qu'il voulait se rapprocher, ses jambes lui refusaient leur service. Il comprit alors qu'il y avait là un mystère sacré, supérieur à l'expérience humaine. Et, invoquant le Christ, il s'écria : « Je t'en adjure par le Seigneur! si tu es une personne humaine, toi qui habites cette grotte, réponds-moi et dis-moi la vérité! » Et, après qu'il eut répété trois fois cette adjuration, sainte Marie-Madeleine lui répondit : « Approche-toi davantage, et tu sauras tout ce que tu désires savoir! » Puis, lorsque la grâce du ciel eut permis au prêtre de faire encore quelques pas en avant, la sainte lui dit : « Te souviens-tu d'avoir lu, dans l'évangile, l'histoire de Marie, cette fameuse pécheresse qui lava les pieds du Sauveur, les essuya de ses cheveux, et obtint le pardon de tous ses péchés? » Et le prêtre : « Oui, je m'en souviens; et, depuis trente ans déjà, notre sainte Église célèbre ce souvenir. » Alors la sainte : « Je suis cette pécheresse. Depuis trente ans, je vis ici à l'insu de tous; et, tous les jours, les anges m'emmènent au ciel, où j'ai le bonheur d'entendre de mes propres oreilles les chants de la troupe céleste. Or, voici que le moment est prochain où je dois quitter cette terre pour toujours. Va donc trouver l'évêque Maximin, et dis-lui que, le jour de Pâques, dès qu'il sera levé, il se rende dans son oratoire : il m'y trouvera, amenée par les anges. » Et le prêtre, pendant qu'elle lui parlait, ne la voyait pas, mais il entendait une voix d'une suavité angélique.

Il courut aussitôt vers saint Maximin, à qui il rendit compte de ce qu'il avait vu et entendu, et, le dimanche suivant, à la première heure du matin, le saint évêque, entrant dans son oratoire, aperçut Marie-Madeleine encore entourée des anges qui l'avaient amenée. Elle était élevée à deux coudées de terre, les mains étendues. Et, comme saint Maximin avait peur d'approcher, elle lui dit : « Père, ne fuis pas ta fille ! » Et Maximin raconte lui-même, dans ses écrits, que le visage de la sainte, accoutumé à une longue vision des anges, était devenu si radieux, qu'on aurait pu plus facilement regarder en face les rayons du soleil que ceux de ce visage. Alors l'évêque, ayant rassemblé son clergé, donna à sainte Marie-Madeleine le corps et le sang du Seigneur ; et, aussitôt qu'elle eut reçu la communion, son corps s'affaissa devant l'autel et son âme s'envola vers le Seigneur. Et telle était l'odeur de sa sainteté, que, pendant sept jours, l'oratoire en fut parfumé. Saint Maximin fit ensevelir en grande pompe le corps de la sainte, et demanda à être lui-même enterré près d'elle, après sa mort.

Le livre attribué par les uns à Hégésippe, par d'autres à Josèphe, raconte l'histoire de Marie-Madeleine presque de la même façon. Il ajoute seulement que le prêtre trouva la sainte enfermée dans sa cellule, que, sur sa demande, il lui donna un manteau dont elle se couvrit, et que c'est avec lui qu'elle se rendit à l'église, où, après avoir communié, elle s'endormit en paix devant l'autel.

IV. Au temps de Charlemagne, Girard, duc de Bourgogne, désolé de ne pouvoir pas avoir un fils, faisait de grandes charités aux pauvres, et construisait nombre d'églises et de monastères. Lorsqu'il eut ainsi construit le monastère de Vézelay, l'abbé de ce monastère, sur sa demande, envoya à Aix un moine avec une escorte, afin qu'il essayât, si la chose était possible, de ramener de cette ville le corps de sainte Madeleine. Le moine, en arrivant à Aix, vit la ville détruite de fond en comble par les païens ; mais un heureux hasard lui permit de découvrir un tombeau de marbre qu'il supposa être celui de la sainte : car toute l'histoire de celle-ci y était sculptée. La nuit suivante, donc, le moine ouvrit le tombeau, prit les ossements qui s'y trouvaient, et les rapporta à son hôtellerie. Et, dans cette même nuit, sainte Madeleine, lui apparaissant en rêve, lui dit d'être sans crainte et de poursuivre son œuvre. Le moine s'en retourna vers son monastère avec les précieuses reliques ;

mais, quand il arriva à une demi-lieue du monastère, ni lui ni ses compagnons ne purent faire avancer davantage les reliques jusqu'à ce que l'abbé fût venu au-devant d'elles, et les eût fait solennellement conduire en procession.

V. Un soldat, qui avait l'habitude de faire, tous les ans, un pèlerinage au tombeau de sainte Madeleine, fut tué dans un combat. Ses parents, pleurant autour de son cercueil, reprochaient pieusement à la sainte d'avoir permis que leur fils mourût sans confession. Et voilà que tout à coup le mort, à la surprise générale, se leva et demanda un prêtre. Puis, lorsqu'il se fut confessé et eut reçu l'extrême-onction, aussitôt il s'endormit en paix dans le Seigneur.

VI. Sur un bateau en péril, une femme, qui était enceinte, invoqua sainte Madeleine, faisant le vœu que, si elle était sauvée et s'il lui naissait un fils, elle donnerait cet enfant au monastère de la Madeleine. Alors une femme d'apparence surnaturelle s'approcha d'elle, et, la prenant par le menton, la conduisit saine et sauve jusqu'au rivage : en récompense de quoi, la naufragée, ayant mis au monde un fils, remplit fidèlement son vœu.

VII. Certains auteurs racontent que Marie-Madeleine était la fiancée de saint Jean l'Évangéliste, et que celui-ci s'apprêtait à l'épouser lorsque le Christ, survenant au milieu de ses noces, l'appela à lui : ce dont Madeleine fut si indignée que, depuis lors, elle se livra tout entière à la volupté. Mais c'est là une légende fausse et gratuite : et le Frère Albert, dans sa préface à l'évangile de saint Jean, nous affirme que la fiancée que le saint quitta pour suivre Jésus resta vierge toute sa vie, et vécut, plus tard, dans la société de la Vierge Marie.

VIII. Un aveugle se rendait en pèlerinage au monastère de Vézelay. Lorsque l'homme qui le conduisait lui dit que déjà on apercevait l'église, l'aveugle s'écria : « O sainte Marie-Madeleine, ne me sera-t-il jamais donné de voir ton église ? » Et aussitôt il recouvra la vue.

IX. Un homme qui était en prison appela à son aide Marie-Madeleine ; et, dans la nuit, une femme inconnue lui apparut, qui brisa ses chaînes, lui ouvrit la porte de la prison, et lui ordonna de s'enfuir.

X. Un clerc de Flandre, nommé Étienne, était tombé dans une telle dépravation qu'il se livrait à tous les vices, et ne voulait pas même entendre parler des choses du salut. Il gardait seulement une grande dévotion à Marie-Madeleine, et ne manquait pas de jeûner la veille de sa fête.

Or, comme il visitait le tombeau de la sainte, celle-ci lui apparut, tout en larmes, et soutenue des deux côtés par des anges. Et elle lui dit : « Pourquoi, Étienne, te conduis-tu d'une façon si indigne de moi ? Mais moi, du jour où tu as commencé à m'invoquer, j'ai toujours prié le Seigneur pour toi ! Maintenant donc, lève-toi et fais pénitence, et je ne t'abandonnerai pas jusqu'à ce que tu te sois réconcilié avec Dieu ! » Et Étienne se sentit rempli d'une telle grâce divine que, renonçant au siècle, il entra en religion, et mena depuis lors une vie parfaite. A sa mort, on vit Marie-Madeleine descendre vers lui, soutenue par deux anges, et emporter son âme au ciel comme une blanche colombe.

Eglise Notre-Dame, cul-de-lampe
du fronton ouest : la rage de dent.

Le pèlerinage de Vézelay

Guide du Pèlerin (XIIe siècle)

Extrait du Guide du Pèlerin de Saint-Jacques de Compostelle, *texte latin du XIIe siècle. Ce guide forme le Ve livre du* Liber sancti Jacobi, *ouvrage dédié à la gloire de saint Jacques le Majeur. Publié pour la première fois en 1882, et traduit en français par Jeanne Vieillard (Mâcon, Protat, 1963).*

... Sur la route qui va à Saint-Jacques en passant par Saint-Léonard, le très saint corps de la bienheureuse Marie-Madeleine doit être d'abord et à juste titre vénéré par les pèlerins. Elle est en effet la glorieuse Marie qui, dans la maison de Simon le Lépreux, arrosa de ses larmes les pieds du Sauveur, les essuya avec ses cheveux et les oignit d'un parfum précieux en les embrassant et c'est pour cela que ses nombreux péchés lui furent remis, parce qu'elle avait beaucoup aimé celui qui aime tous les hommes, Jésus-Christ, son Rédempteur. C'est elle qui, après l'Ascension du Seigneur, quittant les parages de Jérusalem avec le bienheureux Maximin, disciple du Christ, et d'autres disciples de celui-ci, arriva par mer jusqu'au pays de Provence et débarqua au port de Marseille.

Dans ce pays, elle mena pendant plusieurs années la vie érémitique et enfin fut ensevelie dans la ville d'Aix par ce même Maximin devenu évêque de la ville. Mais après un long temps, un certain personnage sanctifié dans la vie monastique, du nom de Badilon, transporta ses précieux restes de cette ville jusqu'à Vézelay où ils reposent aujourd'hui dans une tombe révérée. Dans ce lieu, une grande et très belle basilique et une abbaye de moines furent établies ; les fautes y sont, pour l'amour de la sainte, remises par Dieu aux pécheurs ; la vue est rendue aux aveugles, la langue des muets se délie, les boiteux se redressent, les possédés sont délivrés et d'ineffables bienfaits sont accordés à beaucoup de fidèles. Les solennités de sa fête se célèbrent le 22 juillet.

Saint-Hubert, chapiteau

Girard de Roussillon et la sanctification de Vézelay

JOSEPH BÉDIER

Joseph Bédier, membre de l'Académie française (1864-1938), a renouvelé dans ses livres et dans son cours au Collège de France l'étude de la littérature médiévale. Le passage suivant, concernant Girard de Roussillon, *est extrait de son ouvrage :* Légendes épiques, *tome II (Paris, Champion, 1908).*

Là-bas, près de Vézelay, à Foissy, à Quarré-les-Tombes, des amoncellements de sarcophages témoignaient qu'en des temps anciens de grandes batailles s'étaient livrées en ces lieux. Ces ruines et ces tombes mystérieuses éveillèrent l'idée d'une destinée tragique. Si Girard avait combattu là, si son château du mont Lassois n'était plus que décombres, n'était-ce pas que, comme tant d'autres héros épiques, comme Ogier le Danois, comme Renaud de Montauban, comme tant de saints aussi, il avait été un vassal révolté contre son seigneur, un hors-la-loi, un *forbanni* ? Lui aussi, l'orgueil et la *desmesure* l'avaient possédé ; lui aussi, comme la Madeleine avait été une grande pécheresse, il avait été un grand pécheur et, comme elle, un repenti. Qui donc Dieu avait-il pu choisir pour être l'ouvrière de sa conversion, sinon cette Berthe qui reposait avec lui près de l'autel dans l'église de Pothières ? Et quels châtiments Dieu lui avait-il imposés, comme les signes de son courroux et de sa clémence, sinon des défaites, attestées par les dépôts de sarcophages, ou la mort de son petit enfant, attestée par une autre tombe, celle de Thierry ? Toute la légende de Girard de Roussillon tient en ces quelques données et combinaisons rudimentaires. Elle pourra par la suite vagabonder à travers la France, et, s'écartant de la Bourgogne natale, revêtir l'affublement limousin sous lequel nous la connaissons ; elle pourra se transformer au XVe siècle, sous la plume de Jean Vauquelin, en un pur roman de chevalerie : les remanieurs les plus tardifs n'imagineront jamais, comme seuls ont fait plusieurs critiques modernes, de la déraciner ; toujours, même dans les versions dégradées, Girard restera le saint de Pothières et de Vézelay, le combattant de Roussillon et de Valbeton. Or, ces attaches de la légende à la terre, quel en est le sens profond ? Il réside dans cette idée très belle que le héros, dressant l'abbaye de Pothières dans cette plaine de Roussillon où tant d'hommes étaient morts par lui, dressant l'abbaye de Vézelay au-dessus du champ de carnage de Valbeton, a voulu sanctifier les lieux que ses passions avaient désolés.

Légende de Saint-Martin, chapiteau de la nef.

Le culte de Marie-Madeleine en Occident

HENRI MARROU

Extrait de la préface de M. Henri-Irénée Marrou, professeur à la Sorbonne, à l'ouvrage de Victor Saxer : Origines du culte de Marie-Madeleine en Occident *(Auxerre, 1959).*

Tout, dans cette affaire, est surprenant, à commencer par l'inscription de la sainte dans le martyrologe à la date du 19 janvier : elle résulte d'une confusion entre les deux sœurs Marthe et Marie de Béthanie et les deux époux Marius et Marthe, martyrs persans ! Ce ne sont que faux ou pseudépigraphes : telle *Vita* qui circule sous le nom de Rhaban Maur n'a rien de carolingien, ayant été composée au XIIe siècle à Clairvaux. Et que penser des reliques de cette contemporaine du Christ qui attendent le XIe siècle pour apparaître dans une abbaye bourguignonne dont l'histoire, assez glorieuse et bien fournie pourtant, n'en dit rien jusque-là ? Leur présence n'est justifiée qu'après coup par un foisonnement de légendes dont les retouches successives dénoncent assez l'insuffisance initiale ! Et s'il n'y avait que Vézelay ! Mais voici qu'à partir de 1102 Aix-en-Provence réclame à son tour son tombeau, vers 1173 la Sainte-Baume son ermitage (là, comme souvent ailleurs, la Madeleine supplante le patronage antérieur de la Vierge Marie) ; Saint-Maximin entre en lice à son tour. Et bien entendu ces reliques concurrentes appuient leurs titres sur des exhumations (Vézelay 1265) ou inventions (Saint-Maximin 1279), qu'à point nommé viennent authentifier des cédules complaisantes dont l'analyse diplomatique n'a pas de peine à dénoncer la fausseté (sans parler de l'invraisemblance intrinsèque des histoires de vol ou de translation de reliques qu'elles racontent : à croire les faussaires de Saint-Maximin, les gens de Vézelay n'auraient tout au plus réussi qu'à s'assurer les restes d'un saint Sidoine, lequel d'ailleurs serait non l'Aveugle-né de l'Évangile, ainsi qu'on l'a cru, mais tout simplement notre vieil ami, le poète décadent Sidoine Apollinaire)! Et si le débat n'opposait que Bourguignons et Provençaux! Mais dès le VIe siècle, en Orient, Éphèse a revendiqué le même corps saint : on l'y a encore montré en 1106 au célèbre pèlerin russe, l'higoumène Daniel, ce qui n'empêchait pas Byzance de prétendre l'avoir reçu au IXe siècle; en Occident, les Romains le vénèrent depuis 1220 à Saint-Jean-de-Latran, pour ne rien dire de Sinigaglia dont nous parle ce bon Fra Salimbene...

Pour peu qu'on soit doué d'un tempérament voltairien, comment ne pas s'égayer de tant d'imaginations saugrenues et ne pas exercer sa malignité aux dépens de ces âges crédules?... Si la première qualité de l'historien est de savoir s'étonner, la seconde doit être de chercher à comprendre. De toute évidence, les parchemins exhumés à Vézelay et à Saint-Maximin relèvent de la catégorie des fraudes pieuses, proche parente de celle des faux patriotiques, et tout aussi condamnable; mais tout le développement du culte magdalénien ne se ramène pas à l'exploitation, par des moines cupides, de la naïveté populaire.

Il faut comprendre; nous aurions sans doute intérêt ici à rapprocher le cas de Marie-Madeleine de toutes les légendes « apostoliques » qui ont fleuri dans le même temps que la sienne. Qu'il suffise de rappeler saint Martial de Limoges et tout le parchemin gratté ou regratté par les Limousins à partir du XIe siècle, pour en faire un treizième Apôtre (on voulait qu'il fût l'enfant qui avait apporté les cinq pains d'orge et les deux poissons du miracle de la Multiplication des pains!). Sans quitter le dossier magdalénien, on est frappé, en parcourant l'exposé de M. Saxer, du besoin quasi instinctif qu'éprouvait l'homme du moyen âge de donner une justification historique et une origine lointaine à ses institutions. La chose est très nette pour les fondations, pratiquement contemporaines de l'apparition du même culte à Vézelay, qu'on observe à Verdun (1024) et à Besançon (1050) : le siècle ne s'était pas écoulé qu'elles étaient l'une et l'autre pourvues d'une légende, faisant remonter la Madeleine de Besançon au IIIe siècle, celle de Verdun au temps de Clovis, les responsables réels, personnages historiques que nous saisissons encore, cédant la place à de mythiques évêques, un saint Lin, un saint Magdalvée au nom bizarre, simple hypostase fonctionnelle, diraient les mythologues!... L'homme médiéval, formé ou déformé par la théologie de l'histoire, avait une mentalité en quelque sorte trop historique, et c'est pour cela qu'il a péché contre la science de l'histoire...

De même pour la prolifération des reliques : j'ai relevé sous la plume de M. Saxer une formule lourde de sens. « Ce n'est qu'après les martyrologes et les sacramentaires, écrit-il, qu'apparaissent les sanctuaires et les reliques, comme si les monuments de pierre et les fragments de corps saint avaient surgi de la méditation et de la prière du haut moyen âge. » On ne saurait mieux dire ; il est très remarquable en effet que l'introduction de la Madeleine à Vézelay, loin d'être un phénomène isolé, s'insère dans un vaste mouvement de dévotion magdalénienne : ce qu'on y observe vers 1037-1043 a son équivalent à Verdun, comme on l'a vu, en 1024, à Bayeux avant 1027, à Reims entre 1034 et 1043, à Cohémon près du Mans vers 1040, à Besançon avant 1050. Il s'agit bien d'un mouvement, puisque dans trois cas au moins, M. Saxer a pu établir que les fondateurs, l'archidiacre Ermenfroi de Verdun, l'archevêque Hugues de Besançon et l'abbé de Vézelay Geoffroi, avaient été en relations suivies et n'ont pas pu ne pas concerter leurs initiatives. Il s'agit là d'un phénomène d'ordre spirituel, à dominante morale, en rapport avec la réforme canoniale ou monastique. Ce qui est premier ici, ce n'est pas une invention de reliques, c'est la dévotion envers la figure de la Madeleine. La dévotion, la ferveur entraînent la fondation des sanctuaires, les pèlerinages, bientôt les miracles. Un processus dont, semble-t-il, nous pouvons saisir le développement entraîne, phénomène second, la fixation, la matérialisation du culte. Rien de plus curieux à cet égard que le tract *Claruit autem Vezeliacum*, ce véritable « Livre des miracles de la Madeleine », rédigé dès le milieu du XIe siècle ; si on se reporte à l'analyse si précise qu'avant M. Saxer nous en avait donnée M. René Louis (*Girart, comte de Vienne, et ses fondations monastiques*, Auxerre, 1946, pp. 161-164), il semble qu'on puisse distinguer plusieurs étapes. La dévotion populaire s'est d'abord fixée, à l'intérieur de l'église abbatiale, à un certain autel, *altari in quo affectuosius a populo memoria sanctæ recolitur*, puis à la crypte qu'il recouvrait et dans cette crypte à une tombe. Je constate que pour identifier celle-ci, notre texte s'appuie, non sur des raisons historiques, ou cherchant à passer pour telles, mais sur le fait même des miracles, et de la prière exaucée. Cela rappelle une parole qu'on rapporte d'un saint religieux de notre temps, qui fut gardien du sanctuaire de la Sainte-Baume : « Sainte Marie-Madeleine est-elle venue ici ? Je ne sais : ce qui est certain, c'est qu'elle y est. » Les pèlerins du XIe siècle n'ont pas pensé différemment à Vézelay, mais leur tour d'esprit tout concret y a matérialisé ce sentiment, en quelque sorte expérimental, d'une présence spirituelle agissante...

Le moulin mystique, chapiteau de la nef.

Le problème théologique du culte de Marie-Madeleine

VICTOR SAXER

Extrait de l'ouvrage de l'abbé Victor Saxer, docteur en théologie : Origines du culte de Marie-Madeleine en Occident *(Auxerre, 1959).*

S'il appartient à l'historien d'étudier les faits, d'expliquer par eux les origines et le développement du culte de sainte Marie-Madeleine, d'en souligner les faiblesses et les obscurités, le théologien seul peut se permettre, conformément à l'esprit de l'Église, de porter sur ce culte un jugement de valeur.

Il se trouve que deux papes du moyen âge ont également sanctionné à quinze ans de distance les cultes rivaux de Vézelay et de Saint-Maximin. Dans l'abbaye de Vézelay en 1267, en présence de Saint Louis, le légat pontifical Simon de Brion avait présidé à l'élévation solennelle des reliques de la sainte. Devenu pape sous le nom de Martin IV, il envoie à l'Église de Sens la relique dont l'abbé Jean d'Auxerre lui avait fait cadeau autrefois et il accorde diverses indulgences à ceux qui la vénèrent [1].

Certes, la bulle n'authentifie qu'une portion du corps saint inventorié et exalté en 1267, à savoir la côte que Simon de Brion avait reçue en présent. Il n'empêche qu'en authentifiant la côte, le pape Martin IV authentifiait du même coup le squelette dont elle avait été distraite. Il est vrai encore que le but de la bulle n'est même pas d'authentifier en tout ou en partie le corps saint de Vézelay, mais de notifier l'envoi d'une relique et l'octroi d'indulgences. Le document n'est ainsi qu'une authentification occasionnelle, ce qui diminue considérablement sa portée officielle. Il n'empêche qu'il reflète la pensée commune des fidèles

1. Texte de la bulle dans Faillon, *Mon. inéd.*, t. II, col. 761-764.

L'hiver, chapiteau de la nef.

de l'époque au sujet des reliques et du culte de Vézelay et que, sous la plume du Souverain pontife, cette pensée commune se revêt d'une autorité singulière, surtout si l'on considère la date du document : en 1281, il y avait bientôt deux ans qu'avait eu lieu *l'inventio* provençale ; Martin IV cependant tenait toujours pour les reliques vézeliennes.

La bulle de Martin IV sonne le glas du pèlerinage vézelien. Les bulles de Boniface VIII sont comme les notes d'un joyeux carillon à la naissance de celui de Saint-Maximin. Charles II de Sicile, ayant mis sous les yeux de Boniface le chef de sainte Marie-Madeleine avec les inscriptions trouvées dans le tombeau, ainsi que les attestations des prélats de Provence et de Languedoc convoqués aux cérémonies de 1279-1280 à Saint-Maximin, le pape déclare le 6 avril 1295 que le roi avait trouvé le corps de la sainte dont on ignorait auparavant la sépulture. En souvenir de quoi Boniface autorise Charles à établir un couvent de Dominicains à Saint-Maximin et le prend sous la protection du Saint-Siège. Le lendemain, le pape adjoint la Sainte-Baume au domaine de Saint-Maximin et nomme le premier prieur du couvent dans la personne de Guillaume de Tonneins...

Aucune de ces lettres pontificales, on l'a remarqué, ne contient d'authentification, directe ou expresse, du culte saint-maximinois. S'il est approuvé néanmoins, c'est à l'occasion d'événements intéressant la marche générale du couvent et de l'église de Saint-Maximin. Comme dans le cas de Vézelay, le culte de Saint-Maximin n'a donc reçu qu'une approbation occasionnelle. Et s'il est vrai que Charles II avait montré à Boniface VIII, pour qu'il pût en éclairer sa religion, les reliques trouvées dans la crypte et les documents destinés à les valider, il est remarquable qu'aucune bulle n'en fasse état, ni par conséquent les sanctionne. Les bulles passent d'ailleurs pareillement sous silence le culte rival de Vézelay comme s'il n'avait jamais existé, comme si la chancellerie pontificale n'avait pas, pendant de longs siècles, enregistré et accepté les prétentions vézeliennes, comme s'il n'était pas de notoriété publique qu'on avait vénéré à Vézelay pendant deux siècles et demi le corps de sainte Marie-Madeleine. Il me semble évident que, si la croyance provençale reçoit des lettres pontificales une autorité accrue, celle-ci cependant n'est pas plus grande que l'autorité dont avait été semblablement revêtu le pèlerinage vézelien.

C'est dire l'intérêt qu'il y a à préciser le sens et la portée véritables des documents pontificaux en faveur de Vézelay et de Saint-Maximin. Ce ne sont pas des documents historiques susceptibles de confirmer les données de la science ou de suppléer à ses insuffisances. Ce ne sont pas non plus des articles de foi, engageant l'autorité suprême des papes, s'imposant à la conscience des fidèles. Ce sont, pour ainsi dire, des règlements de police destinés à promouvoir la prospérité spirituelle des pèlerinages et des pèlerins, à assurer dans l'ordre et la décence l'exercice du culte public rendu à la sainte de l'Évangile et à ses reliques.

En définitive, au moyen de prescriptions disciplinaires, l'Église a le souci d'élever les âmes du culte des reliques de saints à la pratique de leurs vertus, de la dévotion envers les saints à la religion envers Dieu. Il est bon de relever dans les bulles de Boniface VIII l'expression de ces principes. Charles II est ainsi loué par le pontife d'avoir le souci de « promouvoir le culte du nom de Dieu ». De même les indulgences sont-elles données aux fidèles pour que « soit louée partout, mais surtout dans les églises des saints, la majesté divine ». Enfin, en des formules lapidaires, est dégagé le but sanctificateur du culte des saints et leur rôle d'intercession auprès de Dieu :

Quand nous honorons les amis de Dieu, ils nous rendent amis de Dieu. En revendiquant pour nous leur patronage auprès de Dieu, ce que nos mérites humains ne nous peuvent obtenir, nous le méritons de lui grâce à leurs suffrages[1].

C'est un modèle et une aide que l'Église propose aux fidèles de sainte Marie-Madeleine : qu'elle la leur montrât sous les traits de la convertie, de la pénitente, de la contemplative ou de l'amie du Christ, l'imitation de la sainte devait les aider dans leur cheminement vers Dieu. Il est permis de penser qu'en dépit des imperfections humaines qui se sont glissées dans le dessein fondamental de l'Église, le culte de sainte Marie-Madeleine a contribué pendant le moyen âge à réaliser cet idéal de perfection morale et religieuse.

1. « Ut dum Dei honoramus amicos, ipsi nos amicabiles Deo reddant ; et illorum nobis vendicantes quodammodo patrocinium apud ipsum, quod merita nostra non obtinent, eorum mereamur intercessionibus obtinere » (*Ib.*, col. 829).

Vézelay

PAUL CLAUDEL

Au IXe siècle, une délégation de préfets et de religieux vient prélever à Saint-Maximin-de-Provence, pour les soustraire aux Sarrasins, quelques-uns des ossements de sainte Madeleine. Ils les portent à cette basilique que le fameux Gérard de Roussillon a édifiée au sommet de la colline de Vézelay. C'est là que l'Arche, qui jadis apporta à travers la Méditerranée le groupe sacré de Béthanie, a trouvé pour toujours résidence. C'est là que je l'ai contemplée un matin, historiant de sa silhouette le vaste fronton d'azur qui s'élève au-dessus d'un paysage unique. C'est là que Saint Louis, avant de partir pour la suprême Croisade, vint contempler ce trésor d'où s'échappe, dit le chroniqueur, « une abondance de cheveux de femme ».

Mais qu'est cette froide image, que sont ces débris sacrés par la Sainte abandonnés ici avec la poussière de ses sandales, quand nous n'aurons eu qu'à pousser cette lourde porte pour nous trouver au milieu même et à l'intérieur de la Madeleine, pour nous pénétrer autour de nous de cette âme lumineuse et respirable, de cette couleur blonde ? *Nardi pistis*, nous dit l'Évangile en parlant de ce parfum que dans la maison de Simon elle répandit sur les pieds du Sauveur et qu'elle essuya de ses cheveux. *Pistis*, en grec, c'est la foi : il s'agit d'un parfum acheté dans un vase scellé qui le conserve et qu'on achète sur la foi du fournisseur. Récipient de la piété. L'équivalent n'est-il pas ici, dans ces arcs romans de la voûte, l'alternance de cette pierre blanche d'Andilly avec la pierre jaune de Tharoisseau, qui unit dans un dégagement de soie l'effluve d'une chair purifiée aux ardeurs de la chevelure ?

Le Maître est là et il t'appelle. Partout où est le Maître comment la servante cesserait-elle d'être présente ? J'en crois cette faible teinte rose qui se manifeste çà et là, comme la couleur d'une joue animée par la surprise et par l'amour. Aux douves recourbées pareilles aux couples d'un vaisseau au membrage d'une forte châsse, qui soutiennent l'allée centrale, succède et quelle blancheur éblouissante, le chœur vertical

Abraham, chapiteau de la nef.

dans les plis de son aube gothique. Nulle couleur que cette émanation d'une myrrhe spirituelle dans le silence intense de la lumière. Et moi, je me tiens debout, et je regarde, et je prie au milieu de cet être blond !

Mais le lieu n'est pas désert comme d'abord on l'aurait cru. Il n'y a qu'à lever la tête pour devenir conscient de tout un peuple qui, au sommet de chaque colonne, se livre à l'occupation mystique. Sur deux étages se superposent et se prolongent les rangées de ces canéphores barbares, qui, au lieu d'acantes et de la gerbe éleusinienne, supportent, sur les quatre faces de cette coiffure que leur fait le chapiteau un trophée confus d'événements. Toute l'Histoire Sainte s'y mêle au rêve, à la légende et à cette liturgie campagnarde que l'on pourrait appeler le Propre du Temps. Des quatre côtés, sous le poids du sens inclus, cela se penche et se déverse sur nous. On fauche, on presse la vendange, on dort, on fait de la musique, on ramasse les grappes et les essaims, Adam et Ève voisinent avec la punition de l'avare et du calomniateur, les Israélites adorent le Veau d'Or, Absalon s'accroche par les cheveux à son chêne, le cor de saint Eustache répond à celui de saint Hubert, et le son en parvient jusqu'à nous, mêlé à celui incessant du maillet qui tape sur le ciseau. Car tout cela est sorti prodigieusement ensemble du même atelier, de la même imagination et de la même piété. Ces corps contournés, mais c'est le sarment de nos vignes qui, tout à l'heure, sur les maisons de la vieille rue se mêlait à l'hélice des escaliers, et ces grosses têtes rondes, nous n'avons qu'à les peindre en rouge pour les voir encore aujourd'hui sur les épaules des vignerons de la Bourgogne. Mais n'exagérons point le côté naïf et rustique de cet art. Ces tailleurs de pierre à qui sans doute étaient mêlés beaucoup de clercs et de moines, ils savaient leur Histoire Sainte, c'est le cas de le dire, sur le bout du doigt.

Quand on étudie chacun de ces chapiteaux on est émerveillé de l'œil, de l'esprit, de la malice, si je puis dire, dans le bon sens du mot, de ces artistes romans, et surtout de l'intensité, du sens du mouvement et de l'attitude, de ce génie lyrique, dramatique et psychologique. C'est vrai que l'anatomie si conventionnelle souvent chez les classiques est sacrifiée au rôle décoratif, mais quel génie de l'expression : ce ne sont plus des corps en mouvement, c'est le mouvement qui fait le corps. Cette torsion d'une échine de chien, elle est là, et peu importent les plâtres que Viollet-le-Duc dans une bonne intention y a rajoutés pour remplacer les parties mutilées. Regardez cette « Mort du Mauvais Riche », entre les mains de deux démons ; et ce sont des démons pour sûr, avec ces mâchoires endentées comme celles des rapaces de l'Amazone, ces crêtes énormes à leur tête, entre ces deux femmes de mauvaise vie. Le diable de gauche a débarqué ! Il lui a planté le pied sur le ventre et il presse ! Le damné vomit, expectore une âme épouvantée que le monstre à droite saisit avec une pince de fer. Et non loin de là, ce damné à qui les dia-

Légende de Saint-Benoît, chapiteau du narthex.

bles pour l'écarteler se sont accrochés avec un enthousiasme de bêtes féroces, on voit bien que c'est l'œuvre de Dieu pour eux qu'il s'agit de casser en morceaux ! Ils s'y sont mis de tout leur cœur ! Il y en a un, cul par-dessus tête, qui s'est suspendu à la chevelure et l'autre des deux mains, manœuvrant comme des manches de pompe le bras et la jambe du supplicié, s'en est pris à la colonne vertébrale.

Mon guide me fait remarquer combien, dans cette église consacrée au souvenir de la Pénitence, sont fréquentes les images du Combat spirituel, et par exemple, de Samson ou de David ouvrant la gueule du lion, de ce *lion dévorant* dont parle saint Pierre. Ce diable fait tapage de tous côtés dans la maison du Fort Armé.

Mais il y a des images moins sinistres : celle de saint Benoît, par exemple, ressuscitant un mort. Ce n'est pas le geste impérieux et un peu théâtral de Jésus dans l'eau-forte de Rembrandt. Le saint penche vers le cadavre une bonne figure toute ronde dans un geste confidentiel. On dirait qu'il est au confessionnal. « Mon bon ami », a-t-il l'air de dire, « comme c'est bête d'être mort ! comme tu ferais mieux de m'écouter et de me croire ! Oui, tu as beau te raidir ! Je t'assure que si j'étais à ta place, je n'hésiterais pas un moment à ressusciter ! »

Mais ce que je trouve le plus intéressant ce sont les mouvements complexes. Voici Loth, par exemple, à qui les anges conseillent de sortir de Sodome (ou disons de son péché); il les écoute, il voudrait bien, il tourne la tête vers eux, il se gratte le menton. Mais il y a sa femme à côté de lui qui le retient et tout son corps est orienté vers elle. Son corps, oui, mais faites attention à ce pied sournoisement qui se retourne ! Et ce même truc du pied, je le retrouve dans ce messager de colère ou d'amour que l'artiste a posé dans l'encoignure de la porte ouvrant sur le narthex. Ah! ce n'est pas comme l'autre camarade à l'autre coin de la porte ! Celui-là y va de tout son cœur ! Il n'est tout entier qu'une espèce de coup de vent et de hourrah ! En avant ! le genou levé jusqu'à mi-corps, les deux bras levés, les ailes comme retournées en arrière, et cet olifant suspendu à la hanche, on l'entend qui pousse un espèce de hurlement : c'est le cri, le rugissement de la Bonne Nouvelle qui se fait issue ! Celui-ci ce n'est pas l'élan qui lui manque, et la forte détente de la jambe gauche, mais la jambe droite fait frein. Il marche à la fois et il s'arrête, le bouclier suspendu au cou. Il calcule, il mesure de l'œil cette terre qui lui est donnée.

Tout le reste de cette vaste page n'est pas moins intéressant. Établissons-nous au-devant pour la considérer à notre aise. Sur le pilier du milieu, entre les deux portes, on a mis, comme il était juste, l'Annonciateur, saint Jean-Baptiste, celui qui, de l'autre côté du Jourdain, montre l'Agneau. Il ne le montre pas du doigt, il le montre avec son cœur : je veux dire qu'il porte sur la poitrine une espèce de miroir concave où

Légende de Saint-Hubert,
chapiteau de la nef.

l'emblème sacré est sculpté. Au-dessus, dans le tympan, siège le Christ, tel que les Romans ont l'habitude de nous le représenter, le torse de face et le bas du corps de trois quarts. Les Apôtres l'entourent, chacun d'eux tenant son livre, son message particulier, son exequatur personnel. En dessous, une frise, c'est une procession, tous les peuples, tous les métiers de la terre, toutes les espèces humaines suivant qu'il est écrit : *Homines et jumenta salvabilis, Domine !* Ces camarades à têtes de chien ou de veau, de pygmées, et ceux-ci que leurs énormes oreilles empêchent d'entendre, tout cela en marche sous les pieds de Notre Seigneur. Mais autour de la tête en auréole, ce sont les miracles, les guérisons, l'un qui montre sa hanche, l'autre son genou, et pourquoi pas sa tête ou son cœur ? Il est sauvé ! Ce sont les convives de la parabole, ramassés au hasard à la sortie des voies. Tout en haut se déploient en demicercle, emblématisés, les signes du Zodiaque.

J'applique une dernière fois mes lèvres sur la relique de Madeleine et je sors. Me voici sur l'esplanade, sur cette chaire au centre de la patrie d'où il semble que saint Bernard, comme aux jours de la Croisade, ne cesse pas de haranguer une convocation de collines.

Quelle comparaison employer pour décrire cette France soulevée qui, de tous les horizons, a l'air d'affluer vague à vague, motte à motte, d'accourir vers nous pour écouter tout un peuple comme des gens qui, pour mieux comprendre, se donnent la main ? C'est une marée, une houle profonde autour de nous de campagnes et de forêts, et c'est aussi une corbeille aux fibres entrelacées, c'est un appel de l'esprit, qui tantôt se creuse comme une toile et tantôt se soulève comme une poitrine ! c'est une France vivante autour de nous qui tend son tablier ! Une chose qui a conscience d'elle-même et qui communique dans toutes ses parties ; il n'y a qu'à voir ces ruisseaux qui se jettent les uns dans les autres et ces chemins avec tous leurs détours, qui savent si bien où ils vont. Et çà et là ces plaques serrées de toits, de tuiles et d'ardoises comme des mares d'attention ! Tout cela circonduit la piété et le regard à cette barque là-haut de Lazare et de ses sœurs qui a jeté l'ancre sur l'horizon !

Légende de Saint-Benoît, le fossoyeur.

La tentation de Saint-Benoît,
chapiteau de la nef.

Table des matières

II. — VÉZELAY DANS L'ART

III. — VÉZELAY DANS LA FOI

Esaü, chapiteau de la nef.

Crédits photographiques :
Photographies Bulloz : p. 8, p. 64.
Photographies Serge Chirol : pp. 4-5, p. 43.
Agence Top, J.-N. Reichel : pp. 54-55, pp. 104-105.
"L'atelier du regard". A. Allemand : p. 12, p. 14, p. 20, p. 26, p. 30, p. 35, p. 38, p. 45, p. 50, p. 58, p. 63, p. 71, p. 72, p. 76, p. 79, p. 84, p. 89, p. 92, p. 96, p. 101, p. 106, p. 109, p. 116, p. 121, p. 123, p. 126, p. 129, p. 132, p. 135, p. 139, p. 142, p. 146, p. 149, p. 153, p. 156, p. 161, p. 165, p. 167, p. 169, p. 173, p. 175, p. 178, p. 181, p. 182, p. 185, p. 186, p. 189.

Cet ouvrage,
réalisé sur une maquette
de Didier Thimonier et Isabelle Fritsch
a été composé par
Charente-Photogravure à Angoulême,
et a été imprimé sur les presses
de Publiphotoffset à Paris
pour les Éditions Albin Michel S.A.,
22, rue Huyghens, 75014 Paris

Achevé d'imprimer en avril 1987
Dépôt légal : mai 1987
Numéro d'édition : 9782

ISBN 2-226-03001-8